秋山好古と習志野騎兵旅団

山岸良二〔編著〕
『秋山好古と習志野騎兵旅団』刊行会〔著〕

発刊の辞

千葉県習志野市は房総半島の北西部、東京湾に面した面積二〇・九九平方キロ、人口約一六万人の比較的こじんまりした市である。市制が敷かれてまだ六四年の歴史的にも若い市であるが、日本史上特に明治以降の近代史では「軍都・軍郷習志野」と言われるように、日本陸軍と密接な関係をもった重要な役割を果たした地域でもある。

そもそも「習志野」名の由来が明治初期の陸軍大演習によると言われており、その後騎兵旅団が置かれ、日露戦争後には「ロシア兵俘虜収容所」、第一次世界大戦後は「ドイツ兵俘虜収容所」が設置された。さらに、鉄道連隊が大規模に展開し、騎兵旅団が戦車旅団に変更された後も、この地の「軍用地」として重要度が下がることはなかった。

現代では「市立習志野高校」野球部が全国的にも大激戦地区千葉県大会を勝ちあがり、栄えある甲子園に進出、全国制覇も昭和四二(一九六七)年の石井監督、昭和五〇(一九七五)年の小川監督(現ヤクルト監督)と二回も果たし、そのお陰か「習志野」という市名も「しゅうしの」ではなく「ならしの」と多くの方に障壁なく読まれるようになっている。

しかしながら、大きな産業や名産品も少ないため、市勢としては必ずしも盛んな状況とは言えない状況であった。

　二〇〇九年からＮＨＫがスペシャルドラマとして「坂の上の雲」を放映する企画が公表されるや、地元習志野市はじめ大久保地区ではこのドラマの主人公「秋山好古将軍」が同地と深い繋がりをもつ由縁から、この機会に地域振興、地元活性化の意図から積極的な「広報」「情宣」活動に取り組む方針が示された。

　その具体的な取り組みが、京成大久保駅前アーケード、街路灯の「騎馬デザイン」への変更、「学園おおくぼ商店街」中央部の「秋山好古将軍像設置」、同じく同商店街中央部に「お休み処」という習志野、大久保地区宣伝店舗の開設である。これらの取り組みは、その度ごとに各種地元マスコミにも何回も取り上げられ、中には全国的なテレビ放映にもなったケースもあった。また、このドラマ関係の講演会も各種開催され、習志野市内の公民館、大学などでもさまざまな講演者を招来して多様な形式での催しものが多くの観客を集めてきた。

　本書は、そのような経過の中から地元の刊行会（会長・三橋正文氏）が是非この機会に秋山好古将軍と習志野の関係を広く周知してもらおうと考え企画され刊行された『秋山好古と習志野』（二〇一一年一二月刊行、翌年重版）を元本に、三橋会長と山岸が協議の結果、雄山閣の桑門・八木氏の御好意により、この度加筆・修正・追加論考を加えて刊行となったものである。

刊行に寄せて

東京ヤクルトスワローズ監督　小川淳司

私の野球人生の出発点は、今春の選抜にも出場した習志野高校でした。厳しいご指導により、今日の基礎を作って戴いたことを懐かしく想い起こされます。

この度、私の生まれた故郷の大久保で『秋山好古と習志野』という本が出版されることを伺い、昔のことが記録に残ることとなり、嬉しく存じます。秋山将軍といえば、私達が毎年、秋季キャンプを行う松山市のご出身と伺っており、縁を感じます。

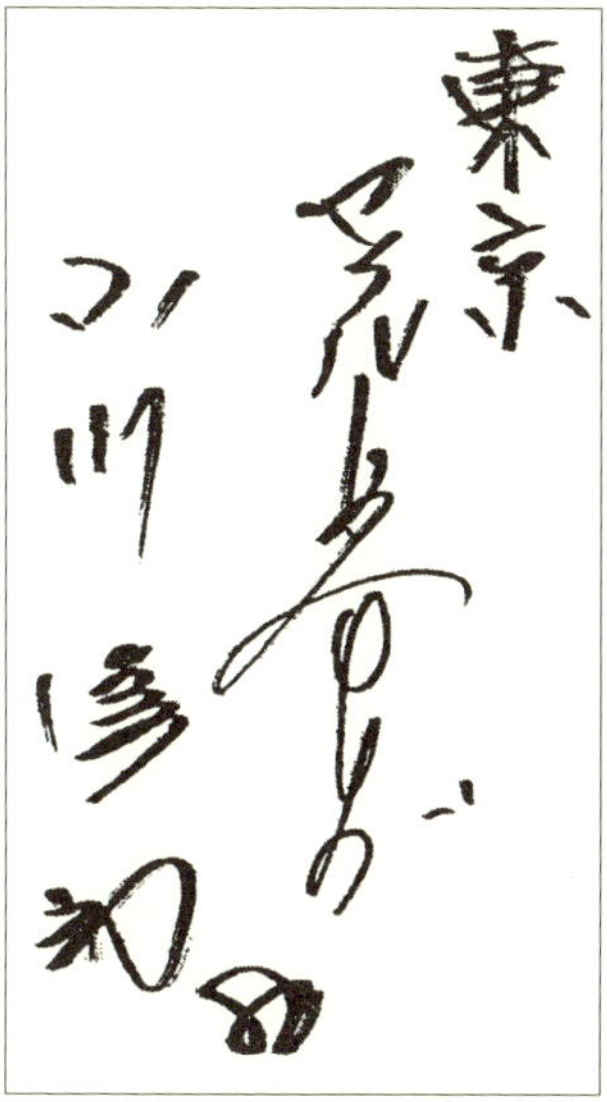

これから技術の鍛錬と、弱点の強化に励み、今年こそは日本一となれるよう選手と共に悔しさを乗り越え頑張ります。皆様のご声援に感謝すると共に、本書の成功を心より祈念しております。

■秋山好古と習志野騎兵旅団 目 次■

第4章　習志野歴史スケッチいろいろ……141

コラム

第1章　秋山好古と習志野

山岸良二

秋山好古

年　号	事　項	年齢
安政 6(1859)年	1月7日,伊予松山藩士・秋山久敬,貞の三男に生まれる.	1
慶応 2(1866)年	藩校・明教館に学ぶ.武智愛山に入門.	8
明治元(1868)年	3月20日,五男・眞之誕生.	10
9(1876)年	7月,大阪師範学校卒業,愛知県三等訓導拝命.	18
10(1877)年	3月,東京予備教員.	19
	5月,陸軍士官学校入学.	
12(1879)年	12月,陸軍士官学校騎兵料卒業,陸軍騎兵少尉.	21
13(1880)年	7月,東京鎮台騎兵第一大隊小隊長.	22
16(1883)年	2月,陸軍騎兵中尉,陸軍士官学校教官.	25
	4月,陸軍大学校入学.	
19(1886)年	4月,東京鎮台参謀.	28
	6月,陸軍騎兵大尉.	
20(1887)年	7月,フランスへ留学.	29
23(1890)年	父・久敬没.	32
24(1891)年	12月,フランスより帰朝,騎兵第一大隊中隊長.	33
25(1892)年	4月,士官学校馬術教官.	34
	11月,陸軍騎兵少佐,騎兵監副官.	
26(1893)年	4月,士族・佐久間正節の長女・多美子と結婚.	35
	5月,騎兵第一大隊長.	
27(1894)年	8月,日清戦争勃発.長女誕生.10月,出征.	36
28(1895)年	1月,蓋平ほか各地に転戦.4月,日清講和条約調印.	37
	5月,陸軍騎兵中佐.6月,内地へ帰還.	
29(1896)年	8月,次女誕生.陸軍乗馬学校長.	38
30(1897)年	10月,陸軍騎兵大佐.	39
31(1898)年	10月,長男・信好誕生,騎兵実施学校長.	40
32(1899)年	陸軍獣医学校長を兼務.騎兵第一・第二旅団大久保に設置.	41
33(1900)年	7月,義和団事件征圧のため清国天津へ進駐.	42
34(1901)年	5月,清国駐屯軍参謀長.7月,清国駐屯軍守備隊司令官.	43
	10月,清国駐屯軍司令官.	
35(1902)年	6月,陸軍少将.	44
36(1903)年	4月2日,騎兵第一旅団長.	45
	9月,特命によりロシア領ニコリスクへ出張.	
37(1904)年	2月,日露戦争勃発.4月,動員下令.5月,出征.8月,三女誕生. 得利寺,蓋平,鞍山站,首山堡,遼陽,沙河,黒溝台戦.	46
38(1905)年	3月,奉天会戦,鉄嶺守備.6月,母・貞没.	47
	9月5日,日露講和条約(ポーツマス条約)調印.	
39(1906)年	2月6日,騎兵監.16日,騎兵第1旅団が大久保の兵舎に凱旋.	48
40(1907)年	2月,四女誕生.	49
	4月,第二回万国平和会議参加のためオランダへ出張.	
42(1909)年	8月,陸軍中将.	51
44(1911)年	1月,次男誕生.	53
大正 2(1913)年	1月15日,高田第一三師団長.4月,満州派遣.	55
4 (1915)年	2月15日,近衛師団長.3月,満州より帰還.	57
5(1916)年	8月18日,朝鮮駐箚軍司令官.11月16日,陸軍大将.	58
6(1917)年	8月,軍事参議官.	59
7(1918)年	2月,弟・眞之(海軍中将)没.	60
9(1920)年	12月28日,教育総監兼軍事参事官.	62
12(1923)年	3月,予備役.	65
13(1924)年	4月,松山の北予中学校(現,松山北高)校長に就任.	66
14(1925)年	4月,後備役.	67
昭和 4(1929)年	4月,退役.	71
5(1930)年	3月,北予中学校長辞任.7月,上京後に発病.11月4日,没.	72

はじめに

平成二一（二〇〇九）年一一月よりＮＨＫはスペシャルドラマ「坂の上の雲」を、三年間にわけて計一三話で放映を開始しました。従来のドラマ放映では考えられない形式で、第一年目平成二一年一一月二九日～一二月二七日五回（第一話　少年の国、第二話　青雲、第三話　国家鳴動、第四話　日清開戦、第五話留学生）。第二年目平成二二年一二月五日～一二月二六日四回（第六話　日英同盟、第七話　子規、逝く、第八話　日露開戦、第九話　広瀬、死す）、第三年目平成二三年一二月四日～二五日四回（第一〇話　旅順総攻撃、第一一話　二〇三高地、第一二話　敵艦見ユ、第一三話日本海海戦）という内容である。

このドラマは、原作者である司馬遼太郎が生前から「映像化できない唯一の作品」と述べていたほどドラマ化するのが困難と思われていた。ＮＨＫでは、大阪府東大阪市にある「司馬遼太郎記念館」を管理する故・司馬遼太郎の奥様福田みどり氏（司馬遼太郎の本名は福田定一）のもとに通って三年かけて説得し、原作の内容を十二分に尊重することを前提に映像権を入手したといわれている。

本稿は、このドラマの主人公の一人「日本騎兵の父」といわれた秋山好古《あきやまよしふる》将軍が、第二代目の旅団長として着任した習志野騎兵旅団跡に筆者の勤務校が創設された由縁から、地元習志野市の文化財審議会会長を任されている筆者が、習志野と秋山好古将軍のエピソードなどを中心にまとめたいと考え執筆したものである。

本論の主旨は次の三点である。

図１　秋山好古

第一は、この「坂の上の雲」の主要舞台である軍都・習志野の歴史についてである（軍都とは明治時代の早い時期からこの地域が軍関係の施設が造られて繁栄したことからの由縁であるが、一部では軍郷とも言われる）。

第二は、「日本騎兵の父」といわれた秋山好古将軍の実像と、彼が率いた習志野騎兵旅団の各戦争での戦闘の軌跡についてである。その中から、なぜ今明治という時代が注目されるのかという命題にも切り込んでみたい。

そして、第三は、軍と共に歩んできた習志野に残されている「隠れた歴史の記録」に関しての論考である。

図２　騎兵第一旅団司令部跡

一　習志野の由来

千葉県習志野市は、船橋市と千葉市に囲まれた面積二一平方キロ、人口一六万人の小さな市である。市立習志野高校が甲子園で活躍し、過去に夏に全国制覇を二回も達成し本年も春のセンバツで準優勝したために、今では関西の人にもこの「習志野＝ナラシノ」という地名がよく知られるようになった。例えば、関東の人は関西の「枚方＝ヒラカタ」「交野＝カタノ」「私市＝キサイチ」などという地名を即座に読めないように、もし、甲子園出場が無かったら、関西の人も「習志野」はシュシノと読んでいたことでしょう。

ところで、この「習志野」は誰が一体いつ名づけたのか。実は、習志野の命名由来には複数の説があり、平坦な均《なら》した土地が広く展開して続く光景から「均した土地ナラシノ」という地名になったという説などもあるが、ここでは軍関係の有名な説を挙げたいと思う。

明治維新の三傑の一人西郷隆盛（一八二七～七七）は戊辰戦争の功から、維新政府では陸軍総帥として陸軍を薩摩藩を中心に固めていた。西郷の部下には幕末の倒幕運動の頃から腹心として活躍していた人物が多数おり、その中でも人斬り半次郎ともいわれた桐野利秋や、明晰な頭脳と卓越した指揮能力で長州藩の大村益次郎と双璧を成していた篠原国幹《しのはらくにもと》らが有名であった。彼らは実質的な指揮官として新政府の陸軍を統帥し、戊辰戦争などでも各地で幕府軍との歴戦を経てきていたのである。

ところで維新政府は、軍事体制でも「近代化」を目指して明治六（一八七三）年には「徴兵令」を発布し、御親兵として天皇周辺の武力を充実させるだけではなく、国民皆兵への途を着実に確立していった。その同じ年の四月二九日、一六歳で即位しこの時点では二二歳となっていた明治天皇のご臨席を仰ぎ、当時「大和田原」と呼ばれていた現在の習志野原で「陸軍近衛兵天覧大演習」が実施された。この演習は、当時の長州、薩摩、土佐の近衛部隊四個大隊二八〇〇人が「紅白両軍」に分かれての総軍演習で、徳大寺宮内卿、西郷隆盛らも陪席、その壮観勇壮な部隊訓練を見学した明治天皇が演習終了後に各指揮官を褒める言辞の中で、「中でも指揮官として卓越した活躍をした篠原国幹を例に挙げ、今後将官らは篠原に見習え」と述べたことから、「習へ篠原」→「習志野原」という命名になったという逸話が広く現在まで巷間に伝えられている。事実、同年五月一三日に勅命が発せられ「習志野ノ原」と命名された由来が、今日船橋市薬円台にある「船橋市郷土資料館」前に、「明治天皇駐蹕《ちゅうひつ》之処の碑（天皇が行幸中一時的に留まることを意味する）」として残っている。また、陸上自衛隊第一空挺団「空挺館」には明治天皇直筆の「習志野ノ原」宸筆も残されている。その後、この地域周辺（現在の習志野市から船橋市の新京成電鉄沿線地域）を総称して、「習志野原」と解するようになっていった。

昭和二〇（一九四五）年の敗戦までは「陸軍習志野練兵場」として、各種の訓練調練が実施され、全国のどの部隊も一度はこの地で訓練を行ったといわれている。演習時には各入口付近に「赤旗」が出され、周辺の人々には伝令の馬が出て周知されたそうで、それ以外の時は一般の人も自由に出入り出来たようである。

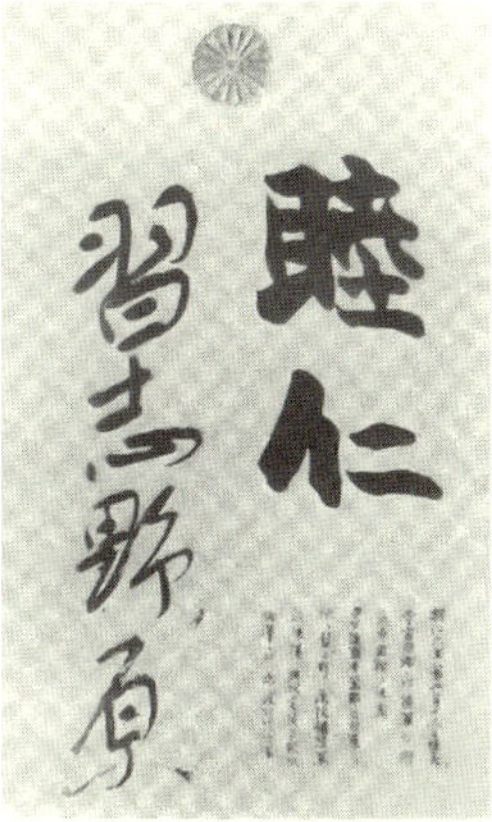

図３　御宸筆
（自衛隊習志野駐屯地蔵）

後に「軍都習志野」「軍郷習志野」と言われる歴史的な変遷を考える上では、非常に興味深い命名逸話であり、エピソードといえる。

2　明治の軍制

先にも触れたように維新政府は、軍制面でも欧米に準拠した近代化を意図していた。実は、旧幕府も開国後フランス軍制をベースに「軍制近代化」を意図し、当時のフランス皇帝ナポレオン三世の支援もあって、戊辰戦争時には軍事顧問として来日したフランス将校団の教導もあってかなりの体制が整備されていた。事実、鳥羽・伏見の戦い後第一五代将軍慶喜らが江戸に帰還した時も、フランス軍事顧問団から「箱根山に堅固な布陣を敷き、東征軍を迎え討ち、幕府海軍を使って迎撃すべし」という提案も出されていた。

新政府となっての軍制近代化政策の立案者は、戊辰戦争でも影の参謀といわれた長州藩出身の大村益次郎である。大村という人物は非常におもしろい経歴の人物で、元は長州藩域の田舎医者であったが、長崎で当時の最新医学をあのシーボルトに師事し、その後は縁あって四国宇和島藩に藩医として仕官した。しかし、彼の名声が幕閣にも伝わり、近代医術を採用する機会を窺っていた幕府は直ちに彼を「御典医」として破格な待遇で召すことになる。この間、幕府と倒幕勢力（薩長）との緊張関係が急速に高まるにつれ、大村の立場も微妙となり、最終的に帰藩するという数奇な運命をたどる。実は、彼は宇和島藩にいた折から設計図だけで西洋船を建造したり、最新洋式銃の採用を提言したりして、医術のみならず「軍事」「兵法」術にも卓越した才をみせ注目されていた。長州に戻った頃、同藩では過去の蛤御門の変などで久坂玄瑞など優秀な軍事指導層や軍法者を多数失っていたため、対外的な政治的駆け引き面には桂小五郎のような優秀な人材を輩出していたものの、軍事方面では人材が枯渇していたのが実態であった。そのため、大村には軍事面での長州代表として薩摩藩の大御所である西郷と肩を並べるという重い責任が与えられたのである。

この大村という人物は、よく言えば「唯我独尊」、悪く言えば「自信過剰の権化」という評がある人で、言動がいろいろ誤解・曲解をうけていたと言われている。歴史上には、洋の東西を問わず「〇〇の天才」といわれた人物には、九割を超える一般の「凡人」にはその真意が理解出来ない場面が多々あるとよく言われる。それが、理解出来ない程度で留まれば問題はないのであるが、曲解が怨嗟となり殺意にまで高揚すると悲劇的な場面が生じてくる。この大村が、明治二年（一八六九）京都で暗殺（薩摩側に殺されたという説）された背景にはこのような状況があると言われている。

近衛	東京(1891年)	第10	福知山(1898年)
第1	東京(1888年)	第11	丸亀→善通寺(1898年)
第2	仙台(1888年)	第12	小倉(1898年)
第3	名古屋(1888年)	第13	高田(日露戦争で編成)
第4	大阪(1888年)	第14	宇都宮(〃)
第5	広島(1888年)	第15	豊橋(〃)
第6	熊本(1888年)	第16	京都(〃)
第7	札幌→旭川(1896年)	第17	岡山(1907年)
第8	弘前(1898年)	第18	久留米(1907年)
第9	金沢(1898年)		

第13・15・17・18は，1925年の宇垣軍縮で廃止

図４　全国師団表

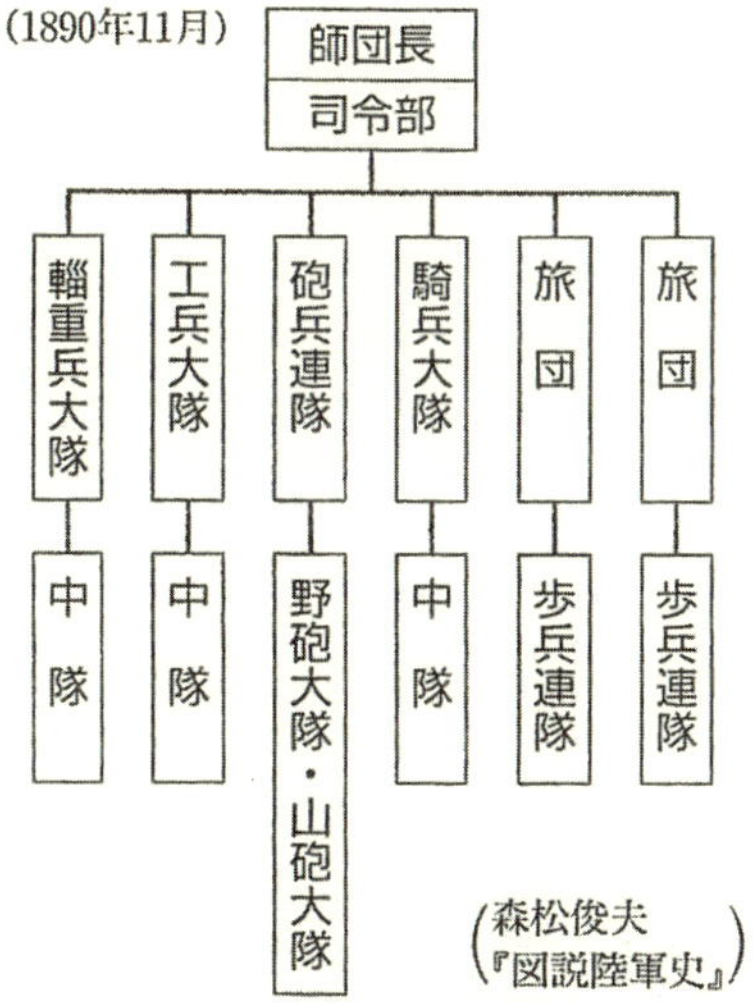

図５　軍隊編成図

大村の没後、軍制の整備を指導したのは同じ長州藩出身の山縣有朋《やまがたありとも》である。ある意味では、維新政府の軍制基盤は山縣が全て主管したとも言える。山縣という人物は薩摩藩の大久保利通同様自分の藩閥形成に腐心し、同じ長州藩の若手逸材桂太郎を欧米の近代化軍制の研究に派遣し、その成果を詳細に検討し、最終的には一八七〇～七一年に起こった普仏戦争でプロイセンが勝ったことから、日本の軍制をフランス式からプロイセン式を基準とする兵制に変更していくことになる。

先にも触れた「徴兵令」発布、鎮台制の設置、西南戦争の指揮、参謀本部設置、さらには「軍人勅諭」発布と明治一〇～二〇年代にあいついで政策を打ち出し、近代軍制の礎を構築した。その結果、明治二一年までには一二個師団プラス近衛師団という一三個師団体制を確立した。

当時の師団編成図をみると、二個歩兵旅団と砲兵連隊そして騎兵・工兵大隊などで構成されている。後に触れるが、当時は騎兵も大隊編成にすぎなかったことがこの編制でよくわかる

三　秋山好古の生い立ち

ここで、本稿の主人公・秋山好古の生い立ちをみてみよう。秋山家は伊予松山藩の一〇石持ちの下級武士の家で、兄弟の父は久敬といい、母は貞である。好古は三男（幼名・信三郎《しんざぶろう》）として安政六（一八五九）年に生まれたが、病弱で幼少の頃は無事に大人になれるか心配されていたと言われている。弟の真之《さねゆき》（幼名・淳五郎《じゅんごろう》）は慶応四（一八六八）年六人兄弟の最後の男子として生まれた。当時、明治維新で佐幕藩とされた伊予松山藩には新政府から多額の課徴金が課せられたため、全藩において家臣群の生

活は大変な困窮状態になっていた。このため、真之は生まれてすぐ寺に出家させられる運命であったが、好古が猛反対して「将来必ず大金をもってくるから出家させないでくれ」と言ったというエピソードが残されている。

その好古は、若い年齢で給金を稼ぐ手段として、いろいろな模索をすることになる。その結果、当時の状況から「教員」になるのが一番手っ取り早いと判断したのである。

維新政府の施策で意外と知られていないのが、この「教育面での充実」である。つまり、明治政府は早い段階から教員養成に関して教育面の充実施策を進めており、修了年限による「給与体系」も確立していた。

そこで、秋山好古は大阪に出来たばかりの師範学校を受験することとし、其の時点で受験資格に二歳足りない一七歳であったが、実力があったためか無事に合格「堺県五等助教」月七円棒給となった。維新政府は教員養成の増を計るため師範学校は、卒業年限を固定せず、実力ある者は早い段階で修了できるような柔軟な対応もしていたようで、好古も一年二ケ月で卒業している。

しかもその後すぐに、愛知県立名古屋師範学校付属小学校に赴任することになり、棒給もグンと伸びて月三〇円と高給になったのである。

ところがおもしろいことに、赴任して早々に同僚の先輩から「これからの時代は軍人の世」と説得され、東京の陸軍士官学校受験を勧められることになる。実は、愛知県教員に採用されているので最低三年間は「御礼奉公」という形で勤務が必要だったのであるが、同じ「東京予備教員」への転任と

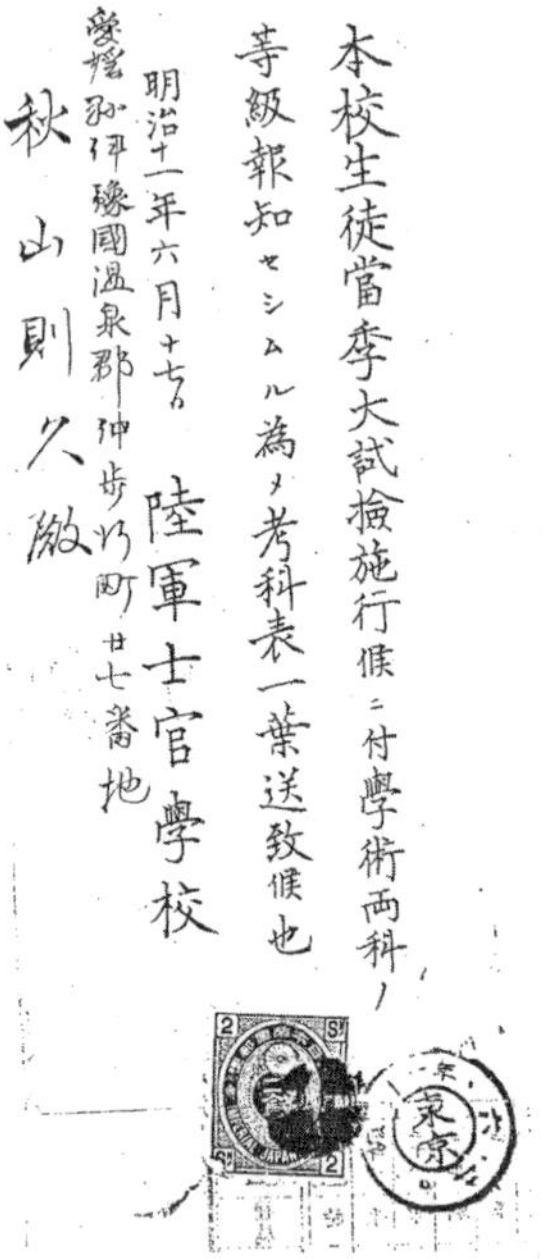
本校生徒當季大試検施行候ニ付學術両科ノ
等級報知セシムル為メ考科表一葉送致候也
明治十一年六月十七日　陸軍士官學校
愛媛縣伊豫國温泉郡中歩行町廿七番地
秋山則久殿

図６　秋山　士官学校からの手紙

いう形をとれば、その点も解決できるという説得内容だった。

　さらに、秋山好古にとっての魅力は軍人の方が教員よりも「早い時期での棒給が高い」という事実であった。

　というわけで、明治一〇年好古は、東京の市ケ谷にあった「陸軍士官学校」(尾張藩上屋敷の跡地)を受験することになる。願書を受け付けた部屋には、生徒司令副官寺内正毅《てらうちまさたけ》大尉(初代の朝鮮総督)がおり、願書をみて「伊予松山の産か、試験科目は漢文、英語、数学だ」と言うと、秋山好古は「やれん。数学は習っとらんけん」と松山弁で応えた。すると、寺内から「なら、漢文だけで受けよ」と意外な返事があった。試験当日は、二〇〇人ばかりの受験者が集まったが、実際の合格者はわずか三七人で、その中に秋山好古も入っていた(この同期には上原勇作、柴五郎らがいる)。

　入学後、専攻の兵科を聞かれた秋山好古は年限が三年で一番早く任官される「騎兵科」(ちなみに砲兵科と工兵科は四年)を躊躇無く希望した背景には、早く任官して早めに安定した棒給を受け取りたいという事情があったようである。先の教員時と同じ事情からの判断だったと思われる。事実、この第三期生で騎兵は三人しか希望するものがいなかった。

明治十一年五月四日

陸軍士官學校第二年生徒中季考科表

旧列數	列數	種屬	姓名	學科	術科	合點
一	一	特	柳瀬幸彦	七八六、六	二二七、六	一〇一四、二
二	二	特	上原勇作	七五一、四	二三五、九	九八七、三
三	三	特	森雅守	七二五、六	二〇三、四	九二九、〇
八	四	特	比留間信良	七二三、七	二〇四、六	九二八、三
十二	五	特	内山小次郎	六八一、〇	二三九、七	九二〇、七
六	六	特	大久保徳明	七一五、四	二〇三、八	九一九、二
四	七	特	渡邉忠三郎	七二六、二	一八四、〇	九一〇、二
廿六	八	特	佐藤忠義	六七一、一	二二三、二	八九四、三
九	九	特	柴五郎	六六六、四	二二三、〇	八八九、四
十五	十	歩	常水千綱	六五一、四	二三五、四	八八六、八
十四	十一	特	阿多賀俊	六六七、五	二一一、九	八七九、四
廿九	十二	特	鶴見數馬	六五四、九	二二一、八	八七六、七
十七	十三	特	藤井茂太	六八八、一	一八八、三	八七六、四
五	十四	特	川谷致秀	六八七、三	一八六、五	八七三、八
十九	十五	特	冨永直昇	六五〇、二	二二一、二	八七一、四
廿二	十六	歩	小倉準	六五〇、二	二一八、〇	八六八、二
十	十七	特	吉田登	六六五、六	一九八、七	八六四、三
十一	十八	特	金子直壽	六五七、四	二〇六、八	八六四、二
十六	十九	特	南部茂時	六二八、二	二三五、一	八六三、三
四十四	二十	歩	山口圭蔵	六四八、二	二一四、七	八六二、九
七	廿一	特	馬淵正文	六五六、四	一九九、二	八五五、六
廿一	廿二	特	石山三造	六四七、〇	二〇六、〇	八五三、〇
廿五	廿三	歩	古市龍八郎	六四八、〇	二〇三、三	八五一、三
十三	廿四	歩	榊原恵誠	六四一、八	二〇九、三	八五一、一
三十三	廿五	特	稲浦鼎三	六一三、八	二二八、二	八四二、〇
十八	廿六	特	青木宣純	六〇九、六	二二二、三	八三一、九
三十六	廿七	特	小澤豁郎	六二九、三	一九三、五	八二二、八
三十七	廿八	歩	及川勢太郎	六二八、二	一八八、三	八一六、五
三十	廿九	特	北川武	六三九、一	一七六、五	八一五、六
三十九	三十	特	太田正徳	六三七、四	一七七、〇	八一四、四
四十八	三十一	歩	石橋健蔵	五九八、五	二一四、九	八一三、四
廿三	三十二	特	大谷戒定	六六七、九	一二九、〇	七九六、九
三十二	三十三	特	落合豊三郎	五八二、五	二一二、一	七九四、六
廿七	三十四	歩	岩崎敬孟	五七一、一	二一九、三	七九〇、四
五十一	三十五	騎	秋山好古	五七二、一	二一五、一	七八七、二

図７　成績表

士官学校を卒業した秋山好古は、二二歳で東京鎮台騎兵第一大隊付きの少尉に任官するが、ここで下宿を麹町土手三番地旗本・佐久間正節の離れを借りることになる。後に、秋山好古と結婚する佐久間家の娘・多美子は当時一一歳であった。

明治一六年秋山好古は、和田倉門に創設された「陸軍大学校」の第一期生として入学することになる。西南戦争で徴兵された維新政府の新軍隊では「高級指揮官の技量と能力欠如」が大きな課題となっていたため、エリート中のエリートを育成する急務からこの大学校が創設されたわけである。事実、この時点で全将校連から選抜されたのはわずか一九名だったことが、この辺りの事情を如実に表している。もっとも、先にも触れたように騎兵科は三人しかいなかったため、秋山好古が選ばれたわけである（この同期には東條英教、長岡外史らがいる）。

同大学校の授業は、陸軍が三顧の礼で迎えたプロイセン陸軍メッケル参謀少佐に代表される「プロイセン式軍事教練」であった。前述の通り、維新政府は当初「フランス式」教練を実施していたが、一八七〇年の普仏戦争で「プロイセン」が大勝した状況をみて、明治一五年頃から「プロイセン式」に変更しつつあった。この点、後の秋山好古フランス留学と大きく関わってくる。

明治一八年秋山好古は陸軍大学校卒業とともに、陸軍大尉として東京鎮台参謀に任官する。

しかし、ここで秋山好古の身にとんだハプニングが起こる。それは、旧伊予松山藩藩主の子息・久松定謨《ひさまつさだこと》がフランスのサンシール士官学校に入学することになり、その後見・補導役に秋山好古が指名されたのである。旧藩主に六代も仕えた秋山家としては、この要請を断ることも出来ず、参謀職辞任、陸軍休職「私費留学」という特殊な事態で渡仏することになる。

この私費留学はさすがに現地では大変な金欠となったようで、いつも週末には「パンとバター」だけの生活だったといわれている。しかし、その一方で馬を一頭買い求め、現地のフランス騎兵らと積極的に「騎馬訓練」に精を出した。秋山好古のフランス滞在中に、先にも触れた山縣内務大臣が明治二一年訪仏してきたが、その折山縣は秋山好古にリヨンにいるフランス軍高官への「土産物を届ける使者」を依頼した。ところが、あろうに秋山好古はこの旅の途中、ブランデーを飲み過ぎて車中で「土産物」を紛失する始末であった。ただ、この事件に山縣は苦笑しただけで何のお咎めなかったと言われている。

留学も三年目を迎えた明治二三年、陸軍省から秋山好古に「官費留学」に切り替える連絡があり、陸軍省総務局長であった桂太郎から「騎兵全般の戦術研究をするように」と正式にフランス陸軍ルーアンの騎兵隊勤務が命令された。後の「日本騎兵の父」と言われる由縁がここにあったといえる。

明治二四年帰国した秋山好古は、東京目黒上目黒の騎兵第一大隊中隊長に任じられ赴任する。そして、翌々年運命的な結婚を佐久間多美子とすることになる。上京していた母貞が前々から多美子を気に入り、密かに進めていたといわれ、「三五歳まで独身を貫く」と豪語していた好古も反対できなかったようである。

その一方、各師団に設置された騎兵大隊を充実させるため、秋山好古は騎兵将校の育成に全力を注いだ。彼がフランスで学んできたことの結実すべき時期となっていったのである。

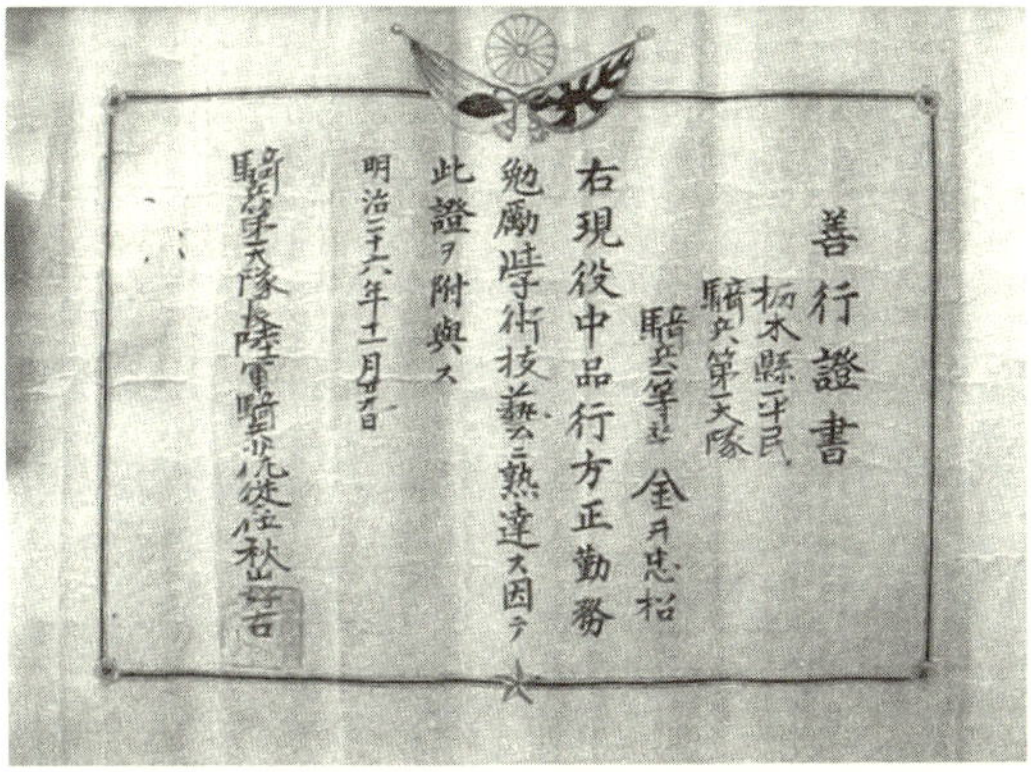
善行證書
栃木縣平民
騎兵第一大隊
騎兵一等卒　金子忠松
右現役中品行方正勤務勉勵學術技藝ニ熟達スルニ因テ
此證ヲ附與ス
明治二十六年十一月廿日
騎兵第一大隊長陸軍騎兵少佐従六位秋山好古

図８　秋山　善行証明書

四　日清戦争

明治二七年八月日清戦争が勃発する。秋山好古が率いる騎兵第一大隊は、第二軍（山地元治中将）第一師団の隷下に入り出陣となるが、この時から秋山好古は戦地でも常時「指揮刀」を保持していくことが慣例となっていく。普通、前線指揮官将校は戦地では「日本刀」を持って行くのが通常であったが、秋山好古は「戦場では斬り合いより、突く方が適している指揮刀が良い」とこれにこだわったと言われている。

戦場に到着しての初戦で、敵との遭遇戦になった折、秋山好古が「敵との距離を間違えずに一斉射撃」と命令したにもかかわらず、部下がかなり前で射撃を開始、ほとんどの弾が敵のかなり前で落下する事態があった。秋山好古が「大陸では距離感が合わないぞ」と言明した話も残っている。

さて、日本軍の第一目標は遼東半島先端の旅順要塞占領作戦であったが、この時秋山好古は多数の「斥候騎兵」を出して、適確に敵の情勢を第二軍総司令官大山巌《おおやまいわお》に「上申書」の形で送っている。実は、この内容が微々細々にわたっていたため、大山はこれを元に攻撃計画を策定した。実際、この戦争では旅順要塞がわずか一日で陥落している(この成功が、日露戦争での大きな失敗に繋がっていく。なんと、日清、日露の両戦争とも旅順攻撃では司令官・乃木希典《のぎまれすけ》、参謀長・伊地知幸介《いぢちこうすけ》コンビであり、この日清戦争での経験が日露戦争では逆の効果となった)。

旅順の手前、土城子《どじょうし》での戦いの折、秋山好古は「旅順へ行け」という命令を受けていたため、敵の大軍と遭遇した場面でも引くことなく戦闘を継続していた。しかも、彼は絶えず水筒の酒を飲みながら。その風情は「桜花爛漫たる中、酒盃を傾けているが如く」と描写されている。古武士然たる姿だったのである。最終的には退却となるが、ここでも歩兵を先に退却させ、しんがりを騎兵がうけもつ見事な指揮ぶりだった。

ところで、日清戦争で秋山好古が学んだ戦術は「騎兵に歩兵・砲兵隊」を付けることと、「斥候捜索騎兵の多用化」であったと言われている。つぎの日露戦争では、この点の改良が大きな意味をもってくる。

帰国した秋山好古は、日本に到着すると副官に荷物から全く開けていない「月給袋」を開けさせ、全部部下の「凱旋祝いの酒」代に使わせたという話も残っている。この話には、後日部下が前もって「月給袋」から実家にいくばくかの家計費を送金した話も伝わっており、そうでもないと、戦争時には秋山好古が全く家庭にお金を入れない状況が続いていたようである。

五　習志野騎兵旅団長

日清戦争の講和会議で締結された「下関条約」では、激戦地遼東半島の日本への割譲が決められていたが、あの有名な「三国干渉（ロシア、ドイツ、フランスが極東の勢力均衡を理由に日本へ同半島の割譲放棄を要求）」で最終的にはこの割譲が実行されなかった。しかも、その後ロシアは下関条約の賠償金支払いに苦慮する清国へ、賠償金借款の見返りに「遼東半島の九九年租借権」を得る。ここに、ロシアは念願の太平洋方面「永年不凍軍港」＝旅順を手にいれることになる。旅順港はリアス式海岸に面した港で、岸辺間際まで水深が深くあり、喫水線の深い軍艦には適合した地形となっている。さらに、外洋との間に入り組んだ丘陵半島が突き出ていたため、外からの攻撃にも防御しやすい利点があり、正に理想的な大軍港であった。

明治二九年秋山好古は陸軍乗馬学校校長となる。

そもそもわが国の騎兵部隊は、明治二一年に東京麹町区（現在の丸の内）に「陸軍乗馬学校」が創設され、同二四年に東京目黒村上目黒（現在の目黒区大橋、筆者の勤務高校の兄弟高校である駒場東邦中高校などのある

図９　陸軍乗馬学校校長時代の好古（徳永佳世氏提供）

付近）に移された。さらに、明治三一年には「陸軍騎兵実施学校」となって馬術だけではなく、騎兵応用、戦術、砲兵・輜重兵との連携なども研究されるようになる。

この間に秋山好古は、『本邦騎兵用法論』と『本邦騎兵に付属すべき騎砲論』という画期的な提言書を上司に提出している。この書物に書かれた内容が、その後の日本における「騎兵論」の基本となり、先に見た騎兵学校改編の契機となるとともに、日露戦争でその成果が結実することになるのである。

明治三三年五月、中国では「扶清滅洋」をスローガンに義和団と呼ばれる民間宗教団体が山東半島を中心に蜂起し、各地で外国人を襲撃する事件が起こる。これが「義和団の変」で、列国は居留民保護を目的に出兵することになる。この時、北京の外国人居留区が義和団に囲まれ、解放まで五五日間包囲される事件が殊に有名である。さて、この救出のため八ケ国（イギリス、アメリカ、ロシア、ドイツ、フランス、イタリア、オーストリア、日本）の連合軍が組織され「極東の憲兵」と称して介入するが、現実的には地理的に近い日本とロシア軍が必然的に主力とならざるを得ない状況となる。

この義和団の変（日本では北清事変と呼ぶこともある）後、秋山好古は清国駐屯軍参謀長として赴任し天津に着任することになる。その後、第二代目の清国駐屯軍司令官に任命されるが、この時期に清末軍閥最大の領袖・袁世凱《えんせいがい》との親交がはじまる。

この親交は、家族ぐるみとなっていき、秋山好古が習志野騎兵旅団長として中国を離任帰国する折に、袁世凱の息子を日本留学のために帯同するほどであった。義和団の変後は清国と列強各国間に「北京議定書」が結ばれ、その中で列強軍の駐留が認められた。

しかし、主力軍は撤兵となったのであるが、ロシア軍はどういうわけか逆に増兵する気配を示し、清国とも密約を結んで駐兵期間を延ばそうとする意図をも示してくる。この密約については、日本はじめアメリカ、イギリスなどの猛抗議をうけて撤廃されるが、その後もロシアの満州地区への侵略意図は露骨になっていく。

このため、三国干渉の首謀者ロシアへの反発、そのロシアの露骨な朝鮮半島への侵略意図への警戒から、閣内では「対露協調派」と「対露強硬派」との対立が生じてくる。

最終的には、明治三五年に「日英同盟」を締結して「対露強硬派」が主導権を握ることになるわけである。その結果、いよいよ日露の戦争気運が醸成されることになる。

そのような折、陸軍少将となっていた秋山好古に習志野騎兵第一旅団長の命が下る。その送別会の時、天津在住の多くの邦人が集まり「お世話になった御礼として記念品として七〇〇ドルの金時計を贈呈したい」と申し出があったが、これに対して秋山好古はなんと「これから自分が着任する習志野は狐狸の棲むような地、そこにはこのような高価な時計は不用です」「できれば、現金でいただきたい」と丁重にお断りした。一同はビックリしましたが、この後受け取った秋山好古が「この現金をそのまま居留民小学校に寄付したい」と言ったため、さらに会場はざわめき大きな拍手が起こったと言われている。

六　日露戦争

秋山好古が着任した習志野騎兵第一旅団は、第二旅団とともに明治三二年に創設された日本初の騎兵旅団で、その前身は現・八代市高津地区に置かれたが、その後今の習志野市三山、泉町地区に移り、両旅団は四個連隊で編成されることになる。東から第十三連隊（現・東邦大学理・薬学・健康科学部）と第十四連隊（現・日本大学生産工学部）が第一旅団、第十五連隊（現・東邦大学付属東邦中高等学校）と第十六連隊（旧千葉大学、現・習志野の森）が第二旅団を構成していた。なお、軍旗拝受は四連隊ともに明治三四年一月一九日。

秋山好古は着任すると、すぐに薬園台（現在の船橋市、新京成電鉄薬薗台駅からすぐ）に借家の居宅を構え、毎朝白馬で旅団司令部（跡地は習志野郵便局となったが、現在は公民館施設市民プラザ大久保）に通ったと言われ、

図 10　発祥の碑

その時間が正確なことから付近の住人の時計替わりにもなったと言われている。なお、地元研究者の詳細な調査の結果、近年秋山好古の戦地からの手紙などからこの借家が「現在は成田街道薬園台の洋服アオキ」がある場所ということが分かっている。秋山好古が大きな庭を欲していたということから、現在の地もかなり広大な敷地である。

秋山好古が習志野で騎兵訓練を徹底している明治三六年九月、ロシアからシベリア・ニコリスクで行う騎兵訓練見学への招待がきた。この招待で、秋山好古は訓練現場だけでなく、ウラジオストック軍港や同要塞地区も司令官への「表敬訪問」と称して見学視察を申し出た。さらに、帰途には旅順軍港にも立ち寄り、同じ強引なる申し出で変貌激しい「旅順軍港」「同要塞」地区の見学視察を行っている。この時の視察内容報告が次なる戦争時に貴重なものとなったのである。

翌年二月いよいよ日露が戦端を開く。

秋山好古の率いる第一騎兵旅団（第十三・十四連隊）は第二軍（小倉藩出身奥保鞏将軍）の配下に入り、大連に上陸後、南山の戦いでロシア軍と激突することになる。この戦いは、日本側の死傷者六千強という数字に大本営が「ゼロが一つ多いのでは？」と言った話も残っているほどの激戦であった。この戦いの最中に、秋山好古の騎兵旅団

図11　秋山将軍出陣写真

二千が一万のロシア軍と遭遇する「蓋平《がいへい》の戦い」「得利寺《とくりじ》の戦い」があり、ここでも各地の戦いで秋山騎兵旅団（当時の記録には秋山支隊）が奮戦する。

この結果、戦いの帰趨は当時「東洋一の要塞」といわれたロシア軍の旅順要塞を日本軍がいつ占領するかという一点に集中されることになる。有名な、第三軍乃木将軍、参謀長伊地知という組み合わせが任命され、先述のように偶然ながらこの二人は、日清戦争時にも同じコンビで旅順要塞を一日で落としている。この成功体験が、後に大きなしっぺ返しとなって降りかかってくることになる。司馬遼太郎は、本の中で「乃木を天下の凡将、愚将」とこき下ろしているが、確かに旅順攻撃の詳細をみると戦術的戦略的に誤っていた事実は指摘できよう。

第三軍の第一回攻撃失敗後、海軍側から秋山真之の提言で「二〇三高地占領の献策」がなされるが、陸軍側とくに第三軍はこれを取り上げることはしないまま攻撃を続行する。

その間、ロシア軍は旅順要塞救援の目的も兼ねて、主力軍を南下させ、遼陽会戦（一九〇四年八〜九月）、沙河会戦（一九〇四年一〇月）と大きな激突が起こる。両会戦にも秋山騎兵旅団は参戦し活躍をするが、最終的には一九〇四年一二月末に旅順が陥落し、一月に有名な「水師営の会見」でロシア軍が正式に降伏して一応の帰趨が決まることになる。

旅順占領後、いよいよこの戦争の決戦となる有名な奉天会戦（一九〇五年三月）となるが、その前に本戦争で最大の苦戦となる黒溝台の戦いが起こる。

旅順陥落でロシア本国では、退却を続けるクロパトキン将軍に対する非難の声が多く上がった。そこで、ニコライ二世は第二軍司令官としてグリッペンベルグ将軍を派遣した。グリッペンベルグ将軍は日本軍の陣立てをみて、一月の冬季にもかかわらず一番守りが手薄な秋山支隊を狙い撃ちして攻勢をかけてきた。

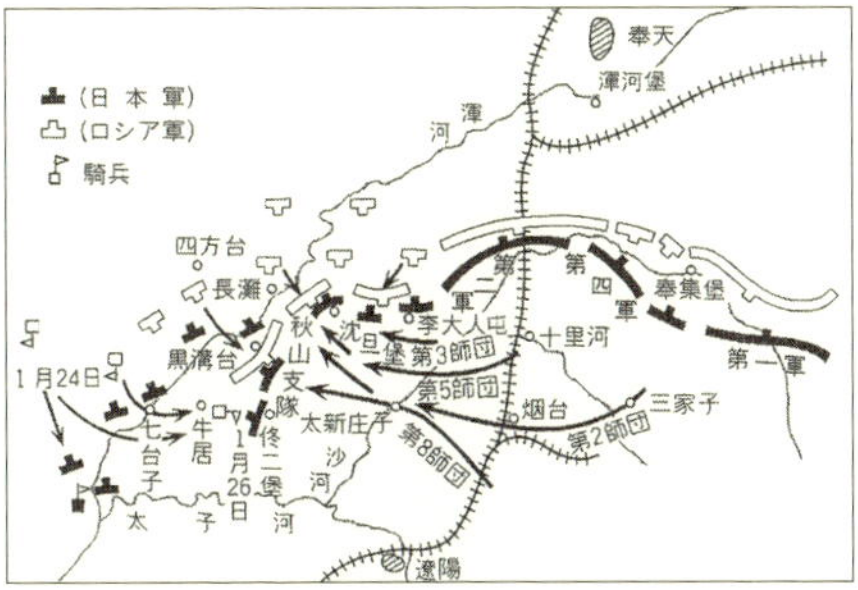

図 12　黒溝台の戦い（山田朗 2009 より）

秋山は先にも触れたように、「斥候偵察騎兵」の活用を積極的に実施していた。具体的には、永沼、長谷川挺身隊を組織して敵の後方撹乱、交通網破壊、糧秣倉庫襲撃など小騎兵部隊によるゲリラ活動である。この活動で活躍する永沼秀文中佐は、日清戦争後の習志野での訓練中に不手際から部下に重軽傷者をだす事故を起こしたが、報告に行った好古から優しい言葉を掛けられことから将軍に私淑、この戦争での渾身の活躍に繋がった。

これらの斥候騎兵からの報告により、このロシア軍の動きをある程度予兆していた。そこで、総司令部に対して警告を何度も発していたが、司令部の参謀連は当時の常識として「冬季に大部隊の作戦は

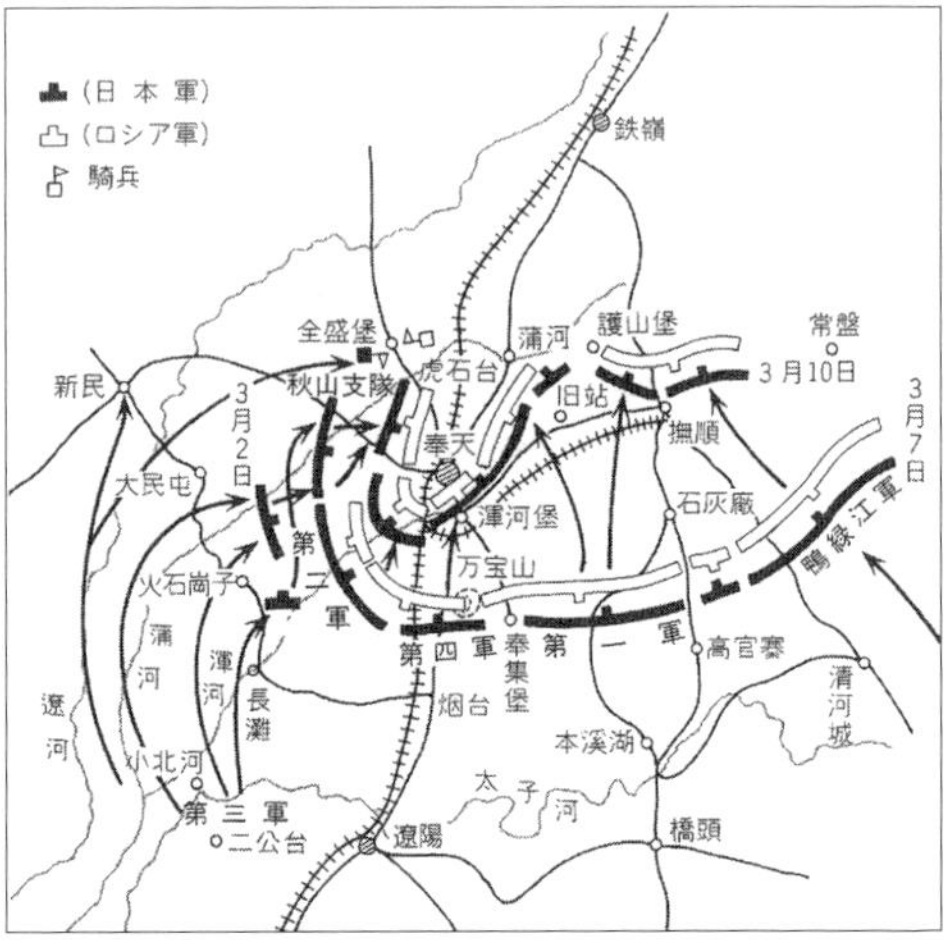

図13　奉天の戦い（山田朗 2009 より）

ありえない」という固定観念があったため、この警告を無視していた。

ロシア軍は攻勢をかけていたにもかかわらず、急遽増援された立見尚文中将率いる第八師団の動きに牽制されて、クロパトキン司令官が作戦中止と退却を命じたため、かろうじて日本軍が大敗しなかったという、瀬戸際の戦いであった。

続く本戦争陸上での大決戦、奉天の戦いが一九〇五年二月から三月にかけておこなわれることになる。奉天周辺に扇形に展開するロシア軍三七万に、日本軍二五万が挑んだ正に最大の決戦である。

この戦いでも、ロシア軍側に日本軍の攻撃主力の読み間違いと乃木の率いる第三軍への潜在的恐怖心が生じたため、好機を生かすことが出来ず勝利のチャンスを失うことになる。その背景として、決戦図をみれば分かるように秋山支隊がロシア軍陣地の奥にまで切り込んだ第三軍を助けるため大奮闘したことが最大の要因として挙げられる。

このように、日露戦争勝利の影には秋山好古の様々な献策と、騎兵用兵の妙が隠れていたと言える。彼が目的としていた「世界最強のコサック騎兵と対等に立ち向かえる日本騎兵」の真髄が試された戦いであった。

七　晩年の秋山将軍

日露戦争後の秋山将軍はその名声が世界中にも知れ渡る。

明治四〇年第二回万国平和会議でパリを訪問した折には、視察各地で歓迎会が多く開かれ大変な人気であった。その後、新潟高田師団長、近衛師団長、教育総監などを歴任し、大正一二(一九二三)年予備役編入となる。

その直後に、郷里松山にある「私立北予中学校」(現在の県立松山北高校)校長に赴任する。わざわざ、秋山好古を訪ねて中学関係者が依頼にきた折、意外にも即断で着任を決定したといわれている。彼も教育に期すものがあったようである。

世間は、陸軍大将で教育総監までやった人物の私立学校校長着任を驚きで迎えたが、本人は教員に欠席がでると自分が「代理授業」をやったり、夏休みには同郷の友人を訪ねて毎年北海道に行き、日本の将来に「酪農」が重要なことを力説したりした。毎日決まった時間に生誕の家から歩いて学校まで通勤していた。これも習志野時代と全く一緒である。また、ある年の卒業式で来賓の県知事が遅刻した折には、定刻時間となったため知事の出席を待たず「開式」させ、遅れて到着の知事は最後に挨拶させたというエピソードも残っている。また、昭和に入り軍事色が濃くなってくると配属将校の「軍事教練」が教科に採り入れられるようになるが、ここでも「軍事教練」時間が少しでもオーバーする

図 14　秋山好古青山墓

図 15　秋山真之青山墓

図 16　秋山好古の松山墓地

図 17　法名

と、秋山校長がすぐ止めさせた逸話も残っている。「学生の本分は勉強で教練ではない」というのが秋山好古の信念だったようである。

校長退任後の昭和五（一九三〇）年一一月東京の陸軍病院で糖尿病からの脳梗塞のため七二歳の生涯を終える。最後の言葉は「奉天へ、奉天へ」だったと言われているが、世情は「最後の戦国武将逝く」と追悼した。正に「古武士然たる明治軍人」の最期であった。

葬儀は青山斎場で執り行われ、墓は青山霊園の「秋山家」墓に埋葬されている。同霊園の一番南側でひっそりした墓である（青山霊園には乃木、奥、広瀬武夫、小村寿太郎など日露戦争関係者の墓も多い）。なお、分骨され故郷松山道後鷺谷墓地にも墓がある。

参考文献

『秋山好古・真之兄弟と正岡子規　ぶらり江戸めぐり3』二〇一一年、毎日新聞社
『歴史読本一月号　日露戦争』二〇一一年、新人物往来社
野村敏雄『秋山好古』二〇〇二年、ＰＨＰ研究所
明治『時代と人物』研究会『坂の上の雲　人物烈伝』二〇〇五、徳間文庫
山田朗『世界史の中の日露戦争』戦争の日本史20、二〇〇九年、吉川弘文館
『坂の上の雲への招待　秋山好古・真之兄弟と正岡子規らが生きた時代』
別冊歴史読本48、二〇〇九年、新人物往来社
田中賢一『習志野と秋山好古閣下の足跡』『秋山兄弟と日露戦争』私家版
笹川裕監修『習志野騎兵連隊の史跡めぐり』二〇〇九年、大久保商店街協同組合
歴史の謎を探る会編『坂の上の雲の時代がわかる本』二〇〇九年、河出夢文庫
谷沢永一・太平洋戦争研究会『写説　坂の上の雲』二〇〇四年、ビジネス社
森田保・奥平純一解説『松井天山　千葉県津田沼町鳥瞰図　昭和三年』一九八九年、聚海書林
仙波満夫『秋山好古揮毫の石碑写真集』秋山好古生誕一五〇周年記念、財団法人　常盤同郷会、二〇〇九年

第2章　秋山好古将軍の想い出
ご子孫からの聞き書き

山岸良二・三橋秀紀・三橋正文

秋山家略系図

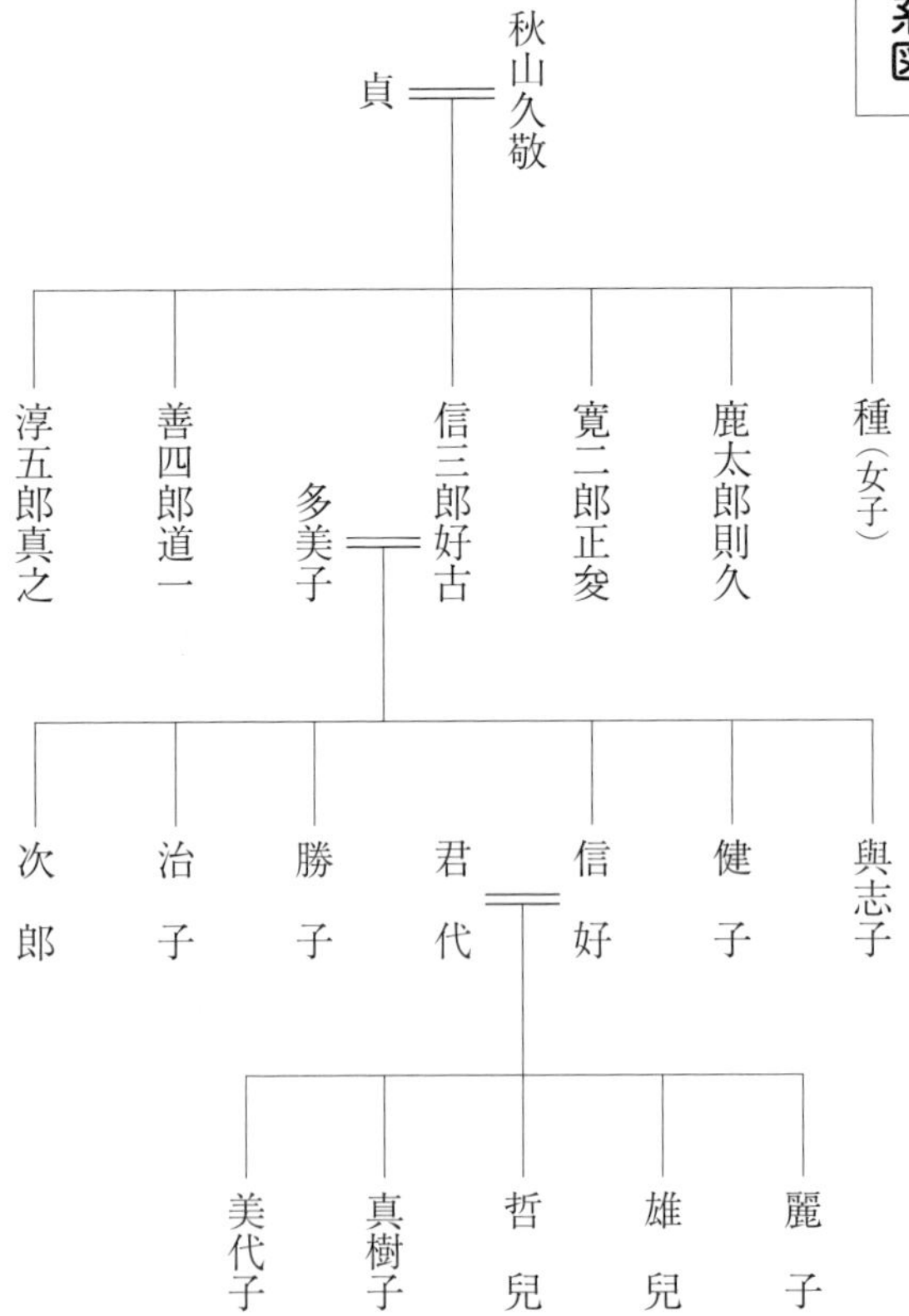
秋山久敬
貞
種（女子）
鹿太郎則久
寛二郎正夋
信三郎好古
多美子
善四郎道一
淳五郎真之
與志子
健子
信好
君代
勝子
治子
次郎
麗子
雄兒
哲兒
真樹子
美代子

秋山好古将軍の長男・信好氏には五人の子がいたが、そのお一人である哲兒氏から将軍の様々な「想い出」を伺う機会を先日いただいた。今回それらの内容をまとめてみた。

一　秋山好古将軍の想い出

１　人柄

ともかくも一言で言えば「ズボラ」な性格の人であったようで、着替えもなかなかしないようであった。東京下宿時代に「茶碗一つ」で全てを賄っていたように、無駄な道具や着物を用意しないことに徹していたようである。旧伊予松山藩藩主久松様にご挨拶の折にも、着替えず普段着のままで伺おうとすることもしばしばであった。その言い訳に将軍は、「軍人たる者、いつ何時どのようなことが起こるか分からない。その時に備えてのこと」と言っていたという。ある意味での合理主義を追求しようとしていたようである。

２　お酒

秋山将軍の「酒好き」は殊に有名であるが、秋山家でもその話はよく話題となっていたそうで、戦地では絶えず部下が「コーリャン酒、日本酒、ワイン」をいれた水筒を常備し、無くなればすぐ補充していたとのことである。フランス私費留学時代にもお金を飲み代に使いすぎて、極貧生活をしていた話も残っている。しかし、将軍が酩酊したことは一回も無く、本当に「酒が好きで、強い」人物であったようである。おもしろいことに、この将軍の「酒に強いＤＮＡ」は子には遺伝せず、今回お話を伺った哲兒氏も奈良漬でも酔うほどとのことである。

3 多美子おばあちゃん

秋山将軍が三〇歳の時に元下宿先の旗本佐久間家の娘・多美子さんと結婚したことは有名な話である。秋山好古将軍が軍人棒給すらも全て「お酒」代に使ってしまう程であったため、多美子さんは毎月近くの郵便局に「棒給」を受け取りに行きながら、「私がいなかったら何も出来ないのだから」という思いを強くしていたという。さすが旧幕臣の血を引いた方である。

4 引越し

秋山将軍が一生涯「自家」を持たず、「借家」住まいに徹したことも有名である。習志野騎兵時代も薬園台の借家住まいで、現在その敷地には全国的な洋服チェーン店が建っている。その引越しに関しても興味深いエピソードをお聞きした。それは、大正年間、将軍が教育総監に就任した頃のことで、青山の借家でも馬を飼っていたが、東京市(昭和初期までは関東大震災の影響もあって人口では大阪市の方が上)が法令で市内での「馬飼育を禁止する」こととなった。その折、将軍は「馬飼育が禁止されない」隣接の市下渋谷村へ引越したそうである。将軍の絶え間ない馬への愛着・愛情が感じられる話である。

5　教育への考え

明治軍人の典型と思われる秋山将軍であるが、維新期からの激動期にフランス留学などを経験していたためか「勉強・勉学への意欲」には並々ならぬ思いがあったようで、自分の子どもの教育に対しては、「戦争が終わった後は国を発展させる基本は教育」との考えから、慶応義塾への進学を切望したそうである。その背景には、福沢諭吉の「開明・合理性」への共鳴があったようであるが、その結果であろうか長男信好氏もその子どもたちも全て慶應義塾で学んでいる。子どもたちの扱いも平等で、後述する「二　戦地からの手紙」でも娘・息子わけへだてなく気遣っていることがよく分かる。

6　外国への思い

秋山好古将軍が旧伊予松山藩久松家のため、陸軍を休職してまでもフランスに私費留学した話は有名であるが、この時の経験が後世「日本騎兵の父」と言われる由縁となったことも事実である。このため、海外への憧憬は強く、長男信好氏が勤務銀行からヨーロッパへ長期派遣が決まった時には「絶対青い眼の女子を連れてくるなよ。絶対バクチに手を出すなよ」と申し渡したそうである。自分への自戒と反省だったのであろうか。弟・真之の親友広瀬武夫のロシア留学時代の話を思ってのことであったのかは不明であるが。

7　現在の秋山好古ブームについて

子孫としては、司馬遼太郎が産経新聞夕刊に『坂の上の雲』を連載されていた頃から、ごく身近な人々からは話題にされていたため、急なブームという認識はそれほどないそうである。さらに、ドラマのテレビ放映前後からはさまざまなマスコミ等からの取材もあり、いろいろ大変だったそうであったが、「基本的には秋山好古をとり上げていただきありがたい」とのことである。それはこの数年、各地で「秋山好古将軍揮毫」「秋山好古将軍の書」といった物が多数見つかり、いろいろな所に足跡を残していたことが分かり、その度に新鮮な驚きを感じさせてもらい有り難いという意味からである。

以上、長時間にわたり貴重なお話をいただきました。文末ですが、深く感謝申し上げます。

二　秋山好古将軍戦場からの手紙

平成二一（二〇〇九）年秋、東京の秋山宅で秋山好古将軍の戦場からの手紙が四通発見された。それらは、明治三八（一九〇五）年から翌年にかけて日露戦争の戦場から当時の自宅薬円台にいる長男・信好氏らに宛てて書かれたものであった。

これらについては既に『文藝春秋』二〇一〇年三月号に「祖父・秋山好古の書簡」と題する紹介文が掲載されている。今回の報告ではその手紙・葉書三通とともに、その後確認された新たな葉書についても釈文を付けて掲載する。

第一通目　明治三八年四月二一日付　軍事郵便
〈封筒表面〉　千葉県習志野薬園台　　秋山信好行
〈封筒裏面〉　第二軍　騎兵第一旅団司令本部
「與志子モ健子モ信好モ皆々優等デ御芽出度候、父サンモ大勝利デ習志野騎兵諸隊モ感状ヲ二本頂戴セリ　父サン不相変健気ナリ、先日ハ弾丸カ唇ヲ擦《かすり》過テ戦争之良記念ヲ残セリ、最早全治セリ御褒美ハ別ニヤルモノガナイカラ捕虜ヲ沢山送リ置ケリ、祖母サンヤ母サンヘ宜敷」
※三月の奉天会戦勝利後、四月六日に秋山支隊は敵の大軍に包囲された折に、秋山将軍は流れ弾に当たり唇部付近を負傷したが、「失敬な」と言っただけであった。驚いた部下が直ちに軍医を呼び治療した。この間、将軍は水筒の「コーリャン酒」を飲んでいたと言われる。

第二通目　明治三八年七月二五日付　軍事郵便
〈封筒表面〉　千葉県習志野薬園台　秋山信好行
〈封筒裏面〉　満州　　秋山好古
「父サン不相変健気ナリ、毎日雨カ降ッテ退屈無此上サ、三人デ婆ヤト一処ニ夏休ミニ、祖母上ノ遺髪ヲ持ッテ松山ヘ行ヒテハドーカ、海軍ノ小伯母サンモ連レテ行クカ面白カラン、祖母上様ハ八十迄生キラレ誠ニ芽出度天ニ上ラレタコト故、亡クナラレタ後ヲ面白ク弔フ可シ、旅費ハ父サンカ出シテヤロー」

図１　１通目

図２　２通目

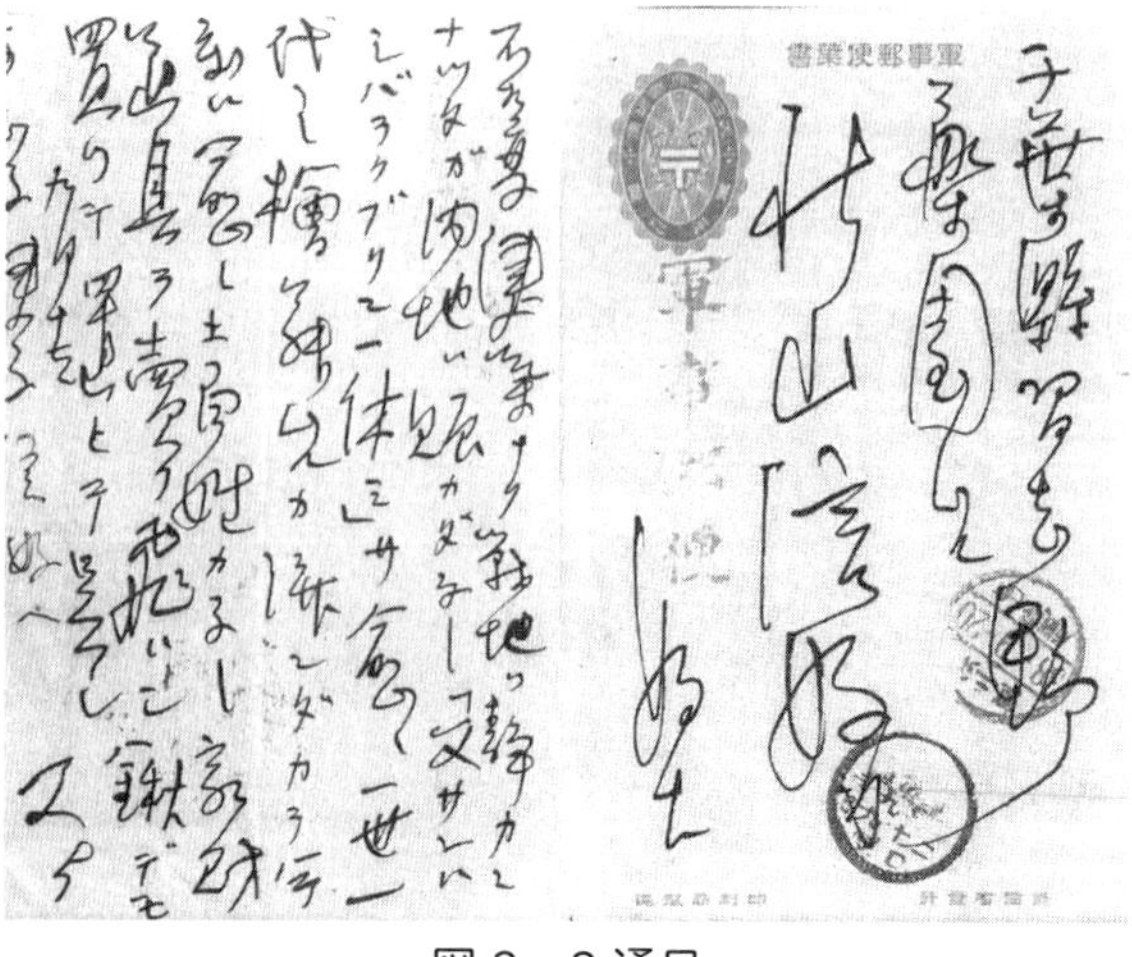

図３　３通目

※この年六月二〇日秋山将軍の母・貞が亡くなったことを弟・真之からの電報で知らされていた。

第三通目　明治三八年九月一七日付　軍事郵便葉書
〈葉書表面〉千葉県習志野薬園台　秋山信好
好古

〈葉書裏面〉
「不相変健気ナリ、戦地ハ静カニナッタカ内地ハ賑カダ存候、『父サンハシバラクブリニ一休ミ』サ、愈々一世一代之会戦ナルカ、済ンダカラ今知ル、愈々土百姓カ存候、家財道具ヲ売リ飛ハシ鍬デモ買ッテ置ヒテ呉レ」

※九月五日にポーツマス講和条約締結、同月一四日に休戦協定締結直後の心境を送った葉書である。

第四通目　大正三年八月九日消印　郵便葉書
〈葉書表面〉東京三田慶應義塾中学
秋山信好行
瀋陽　父より

〈表文面〉
「相変わらず無事　書面正に落手　旅費は薬園

本宅迄送り置くべ可し　前途奮励
亜細亜大陸開発に努力する事には
幼時より細心留意せよ」

〈裏文面〉

「不世出之　後に於ける偉人と奈連　　好古」

※消印は大正三年八月九日、発信地は瀋陽とあるが、秋山将軍は大正二年一月に新潟の高田第一三師団長として赴任、その後、同年四月から満州に派遣されていた。信好氏は明治三一年生まれであるから、この年は一六歳であった。ちなみに、信好氏はその後慶応義塾大学に進学、大正一〇年に理財学部を卒業し、三菱銀行に就職している。

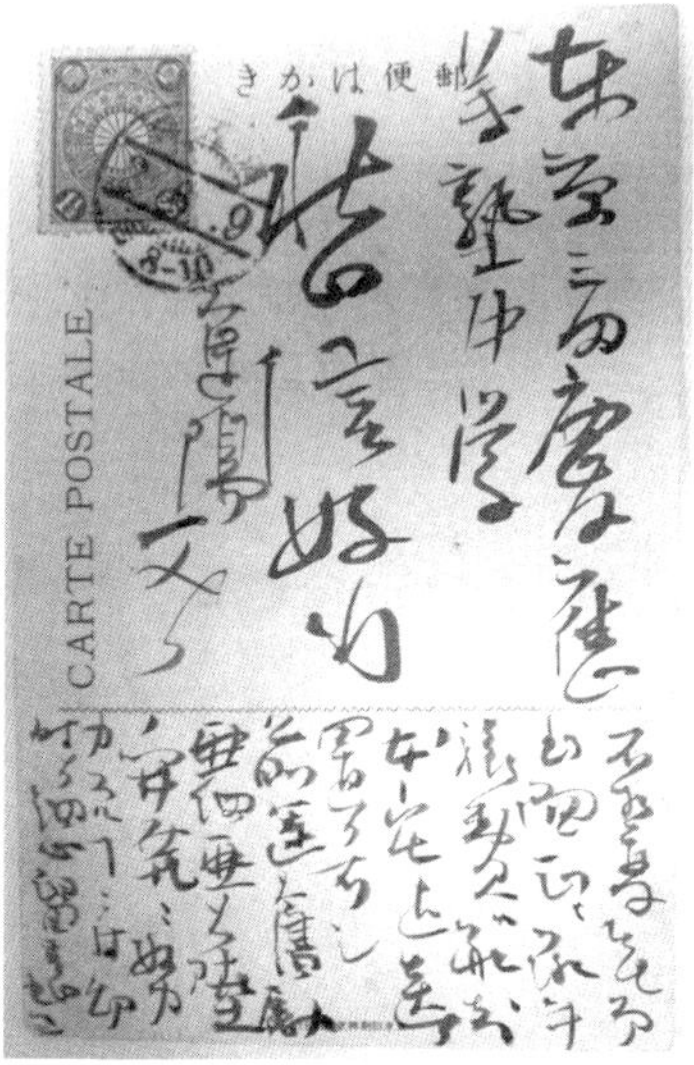

図４　新発見葉書（表）

図５　新発見葉書（裏）

第3章　秋山好古をめぐる人々と石碑

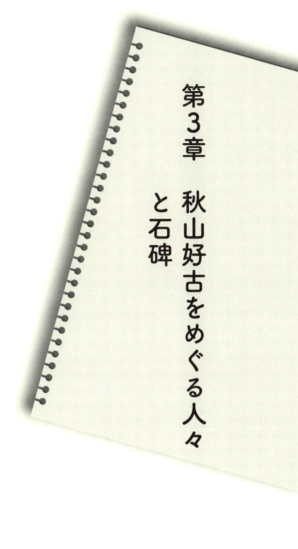

陸軍大将・大山巌に嫁いだ捨松の生涯
―日本初の女子留学生から近代国家の貴婦人へ―

遠藤由紀子

一　秋山好古の同期・柴五郎と山川家

御一新により、誰もが「国民」になった。司馬遼太郎は、『坂の上の雲』で「ともかくも近代国家をつくりあげようというのがもともとの維新成立の大目的であったし、維新後の新国民たちの少年のような希望であった」とあとがきに記している。

この日本史上類のない、幸福な楽天家たちの物語は、秋山好古・真之兄弟を「かれらがいなければいないで、この時代の他の平均的時代人がその席をうずめていたにちがいない」として、近代国家形成期に生きる若者の姿を活写した。司馬は、明治の世をどのような人でも「時代の責任を担う人」として登場せざるを得ない時代構造であったと捉えている。

明治一〇（一八七七）年、西南戦争が勃発した。この年の五月四日、陸軍士官学校の三期生が入校となった。九六名のなかに秋山好古、そして柴五郎がいた。好古は騎兵科、五郎は砲兵科に進んだ。柴五郎とは、どのような人物だろうか。

五郎は、安政五（一八五九）年、会津藩士柴左多蔵の五男として生まれる。柴家は馬術・砲術師範の家柄で二八〇石、兄弟は一一人いた。五郎が九歳の時、戊辰戦争の渦中にあった。

慶応四（一八六八）年八月二三日、新政府軍が会津若松城下に迫ってくると、城の櫓《やぐら》の鐘が鳴った。鐘は、兼ねてより達されていた「早々に三の丸に集まるべし」という合図であった。しかし、柴家は籠城を選ばず、男子は戦場へ、女子五人（祖母、母、兄嫁、姉妹）は、足手まといになるのを恐れ、自ら命を絶った。

父は玄武隊（五〇～五六歳が在籍する部隊）として城門警備にあたり、長兄・太一郎は軍事奉行添役として越後を転戦、一ノ堰の戦いで足に銃弾を受け負傷した。次兄・権介は大砲隊に属し、行方不明となるも栃木付近で逮捕され、三兄・五三郎は農兵隊長として越後で転戦した。四兄・茂四郎（のち四朗と改名、明治中期に東海散士の筆名で政治小説『佳人之奇遇』を発表）は白虎隊（一六～一七歳が在籍する部隊）に所属していたが病床中であった。そして、少年であった五郎は、母により郊外の山荘に逃がされた。

会津開城後、五郎は負傷した長兄に付き添い、捕虜として上京し、土佐藩公用人・毛利恭助（吉盛）の学僕となる。翌年一一月、会津藩は下北半島付近に斗南《となみ》藩として移封・再興が決まると、藩士とその家族の一万七千人が移住するが、柴家もそれに従って行った。

廃藩置県となった。再び上京した五郎は陸軍幼年学校、陸軍士官学校へと進んだ。その後、少尉、近衛砲兵大隊、参謀本部勤務を歴任し、清（中国）に赴任して北京公使館付武官として活躍する。五郎が評価を得たのは、義和団事件である。北京籠城戦の指揮を執り、勇猛なさまと礼儀正しさが欧米諸国から賞賛され、イギリスから信頼を得た。これが日英同盟のきっかけのひとつといわれる。日露戦争には、野戦砲隊第十五連隊長として従軍した。その後、会津出身であったからか閑職にまわされる時もあったが、大正八（一九一九）年、ついに会津藩出身で初めての陸軍大将に上り詰めた。

ちなみに、同期の好古は、三年前に陸軍大将に就任していた。大日本帝国陸軍の最高位となる陸軍大将には、明治初期は薩摩藩や長州藩（特に山縣有朋の影響）の出身者が多く就任しているように、藩閥があった。佐幕側といわれる藩出身の二人が大将に就任したのは、指揮官として相当優れていたからであろう。会津では、五郎を「恩讐を越えた新国軍の一員として最高の地位に昇った」と賞賛している。

好古は昭和五（一九三〇）年に亡くなった。五郎は、太平洋戦争終結を知り、昭和二〇年九月に自決を図った。高齢で腹を突き刺す力が残っておらず一命は取り留めたが、三ヶ月後に亡くなる。二人とも古武士然たる明治の軍人であった。

ところで、五郎の回顧録は『ある明治人の記録―会津人柴五郎の遺書―』（石光真人編、中公新書、一九七一年）として刊行された。会津戦争や過酷な斗南での生活を耐え忍ぶ不屈の精神が、平成二三（二〇一一）年の東日本大震災後に話題となり、現在も版を重ねている。

回顧録には、明治五年九月末、会津藩家老であった山川浩（旧名大蔵）へ書生になりたいと手紙を出したことが書かれている。浩は斗南藩大参事を勤めていたが、廃藩置県により上京しており、明治六年より旧土佐藩の谷干城の勧めで陸軍軍人の道を歩むことになる。

当時の山川家は、浅草永住町の観蔵院に間借りしており、家族に加え、四～五人の書生を抱え「旧藩の書生多数寄食し、一見して困窮の模様」であった（家族は母・艶《えん》、妹・常盤《ときわ》〈四女〉、梶原景清〈長姉・二葉の長男〉、永井小太郎で、書生として徳力徳治、木村丑徳、下平英司、柳田留六、その他が毎日入れ替わり立ち替わり来泊していた）。それにもかかわらず、「いつにてもきたれ」といわれ、五郎は「このうえ余を受け入るるは無理なることあきらかなれど、余には他に頼るべきところなし」と、遠慮しながらも書生となった。

その時、浩の母・艶と妹・常盤が「余の汚れたる白地浴衣を気の毒がり、当時アメリカに留学中の捨松嬢の薄紫の木綿地に裾模様、桃色金巾《かなきん》裏地の袷《あわせ》を取り出し、袖を短くして」、五郎の浴衣に誂《あつら》えた。他目には異様に映ったらしいが、五郎は「暖かく満足であった」と書き残している。

五郎が着せてもらった着物の持ち主に「捨松嬢」とある。これは、薩摩出身の陸軍大将・大山巌の後妻となった「大山捨松《すてまつ》」のことで、山川家の五女であった。捨松はどのように「時代の責任を担った人」なのか、本稿では、秋山好古と同時代を生きた女性の生涯を考えてみたい。

二　山川家の兄弟姉妹

はじめに、捨松の兄弟姉妹のことを紹介する。会津藩家老であった山川家（千石）には七人の兄弟姉妹がいた。驚くことに、七人のうち四人が海外渡航を経験している。

父は山川尚江重固《しげかた》、母は艶（歌号・唐衣、西郷近登之の娘）である。山川家は、初代藩主保科正之《ほしなまさゆき》の信濃高遠藩以来の家臣であるが、もともとは名門の家柄ではなかった。兄弟の祖父にあたる山川兵衛重英《しげひで》が目付、普請奉行、町奉行等を経て、勘定奉行に就任し、困窮した藩財政を再建した功績が認められ、若年寄に就任する。天保一〇（一八三九）年、家老に昇格し、二〇年間藩政の中心を担った。安政六年、尚江が家督を継いだが、翌年に死去した。遺児七人（他五人は夭折）を抱えた艶は剃髪し、兵衛と共に子らの教育に力を注いだ。賢母の誉れ高い女性であったといわれる。（図1、図2）

長男・浩（一八四五〜一八九八年）は、京都守護職となった九代藩主松平容保《かたもり》に従い京都で活躍した。慶応二年には、幕府の使者に同行してロシアへ渡航、ヨーロッパ各地を見聞した経験を持つ。戊辰戦争では、日光口の指揮官を務め、攻め入った谷干城が守備の巧妙さに舌を巻いたといわれる。籠城戦では、地元である小松の彼岸獅子のお囃子を率いて縦隊を組み、長州軍と大垣軍の前を堂々と行進し、傍観している敵を欺いて入場に成功した逸話が残るように、知将といわれた。維新後は、西南戦争の熊本城攻防戦で綿密な作戦計画と実行力で評価され、陸軍少将となる。また、東京高等師範学校長や貴族院議員も務めた。

図１　大山捨松生誕の地
（福島県会津若松市城前２、平成29年９月著者撮影）
大河ドラマ「八重の桜」の放映に伴い、生誕地が再調査・微修正され、現在地に上記の看板が立った。捨松と兄山川浩・健次郎の功績が書かれているが、以前は「山川三兄妹生誕の地」という看板であった。

次男・健次郎（一八五四〜一九三一年）は、戊辰戦争中は白虎隊に所属していたが、出陣年齢に満たなかったため、籠城戦に参加した。明治四年から四年間、アメリカへ国費留学となり、イェール大学で物

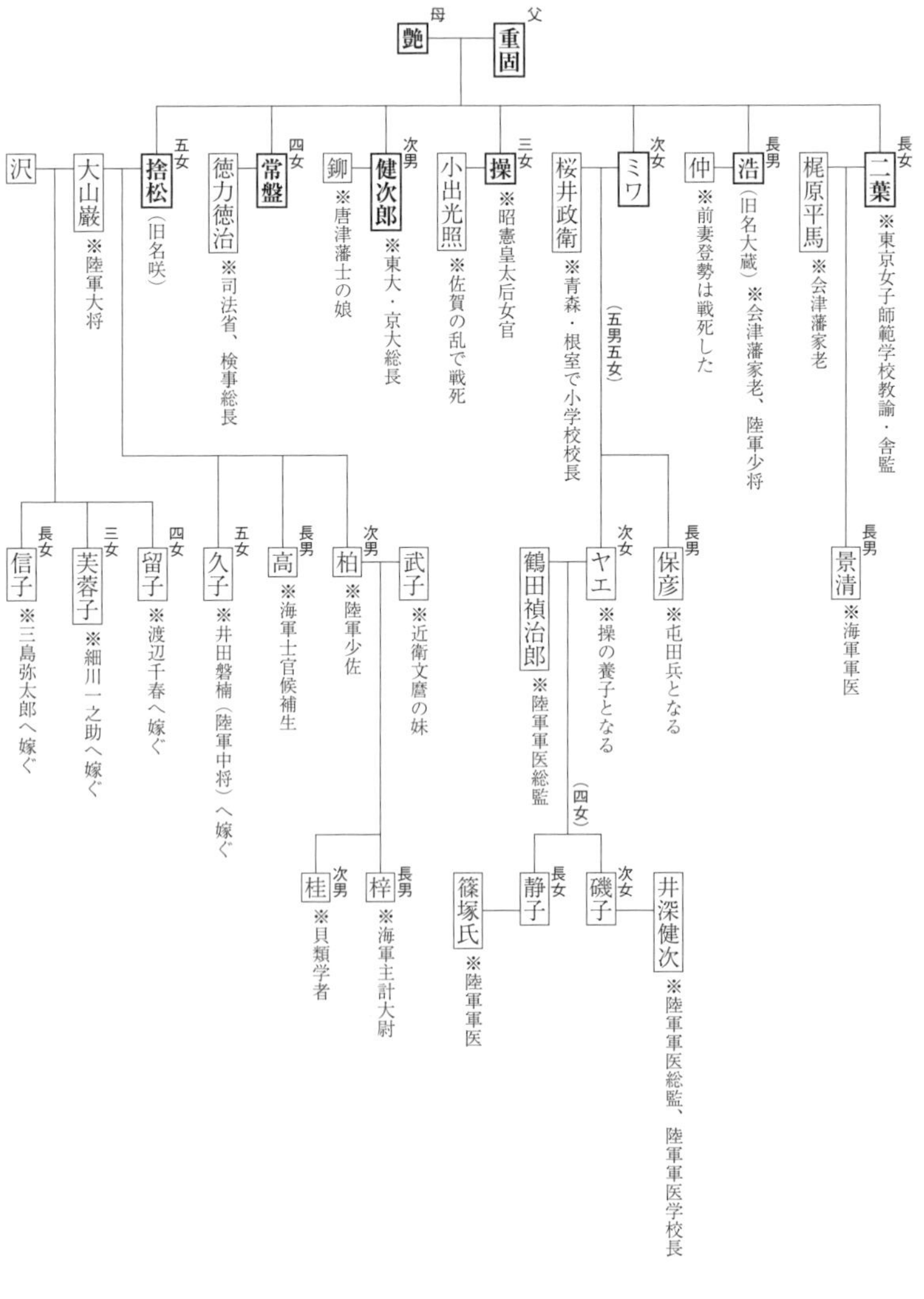

図２　山川家の兄弟姉妹
（特に陸海軍に関係した人物を付記した。子孫からの聞き取りにより筆者作成）

理学の学位を取得し帰国する。明治二一（一八八八）年には、東京帝国大学初の物理学博士号を授与された。のち、東京帝国大学総長となり、九州帝国大学、京都帝国大学の総長を歴任した。私立明治専門学校（九州工業大学の前身）総裁や旧制武蔵高等学校（武蔵中学校・高等学校の前身）校長など、学校の設立にも多く携わり、明治の教育を切り開いていった。

姉妹は四人いる。長女・二葉《ふたば》（一八四四〜一九〇九年）は、会津藩家老であった梶原平馬に嫁いだが、斗南藩移住後、離別した（平馬は根室に移住）。明治一〇年より東京女子師範学校の寄宿舎長・教諭として、明治三七（一九〇四）年まで奉職した。一人息子景清には梶原の姓を名乗らせた。景清は海軍軍医となり、日露戦争では大連防備隊軍医長を務めた。

次女・ミワ（一八四七〜一九三二年）は会津藩士桜井政衛に嫁いだ。政衛は斗南藩移住後、青森県の小学校首座教員（学校長）を勤めた。明治二二年、桜井家は長男保彦を戸主として、根室の屯田兵村に入植、政衛は根室でも小学校の学校長を歴任する傍ら、ミワは裁縫を教え、一一人（五男五女、養子一人〈三女の子〉）を育て上げた。子女は七人が東京の山川家（浩や操邸）へ書生として上京した。特に次女ヤエは、操の養子となり、陸軍軍医・鶴田禎次郎に嫁いだ。鶴田は、日露戦争で第一師団軍医部長として乃木希典に仕え、旅順攻略に従事し、大正初期に陸軍軍医総監に任官された。ちなみに、ヤエの長女静子は陸軍軍医の篠塚氏に嫁ぎ、次女磯子は陸軍軍医の井深健次（会津藩出身で明治学院の二代総理となった井深梶之助の次男）に嫁いだ（井深は陸軍軍医総監、陸軍軍医学校長に就任した）。

三女・操《みさお》（一八五二〜一九一六年）は会津藩士小出光照に嫁いだが、小出は佐賀の乱で戦死した。明治一三年五月に、ヨーロッパ各国の王室制度の調査の特命全権大使・柳原前光《やなぎわらさきみつ》（大正天皇の生母・愛子《なるこ》の兄）の夫人初子の世話役としてロシアに同行し、二年間、ロシアに滞在しフランス語を学んだ。明治一七年二月より宮内庁に入り昭憲《しょうけん》皇太后に仕えるようになった。御用掛として任用され、フランス語の「お通弁」（昭憲皇太后の洋服の形を考えるため、フランスから送られてきた洋服のカタログの翻訳をする仕事など）をしており、小石川にある自宅から御用の時だけ出勤した。明治天皇にも信頼されており、日露戦争中は両陛下の使いとして広島へ見舞いに行った記録がある。

四女・常盤（一八五七～？年）は会津藩士徳力徳治に嫁いだ。徳力は、五郎と同時期に山川家の書生であった人物で、かなりの俊才であった。司法省に勤め、検事総長を歴任した（徳力は、のちに山川に改姓した。三男の戈登《ごるどん》は生後八ヶ月で浩の養子となるが、東京帝国大在学中の明治四三年に急死、続いて弟の廉《きよし》が浩の養子となったが、廉も大正二年に急死してしまう。結局、山川家は健次郎の四男建《たける》が家督を継ぐ）。

このように、捨松には、慈愛に満ちた頼もしい六人の兄・姉がいた。

三　維新の捨松―籠城、そして留学へ―

最後の一人が、五女の捨松（一八六〇～一九一九年）である。幼名を咲（または咲子）といい、会津戦争時は八歳であった。五郎、好古の一つ年下にあたる。慶応四年八月二三日、城の櫓の鐘が鳴ると、山川家の女性たちは籠城を選んだ。籠城中の女性は、兵糧の握り飯を作り、負傷者の看護、砲弾の火消しを行なった。家老の家柄である山川家の女たちは、怪我をして体が不自由になるよりも死を望むとし、誰かが重傷を負った時には、武士の道にならって首をきりおとすことを約束しあっていた。常盤と咲はまだ幼く、母・艶は「万が一の時、一人は私が刺し殺すけれど、二人共にはできない。」といったので、長姉・二葉は「一人は私が引き受け申す」と答えたと伝わる。

惣攻めとなると、艶、二葉、常盤、咲は、家老簗瀬《やなせ》三左衛門の娘・雑賀《さいが》浅らと共に、膝を接し列を正して最期を待った。二葉が様子を伺おうと縁側に出ようとすると、大鳴動し地下に激震が走り、室内に煙が立ち込めた。煙が収まると、咲が軽く負傷しており、浅の妹は天井から落ちた爆裂弾の破裂に当たって絶命していた。

後に捨松（咲）は、明治三八年のアメリカの新聞に「籠城中は敵の打った大砲を拾い集めていたことや首を怪我したこと」などを寄稿している。戦争の恐怖を間近に体験した少女時代を過ごしたのだが、そのなかに「不思議なことに私の未来の夫となる人が、敵軍の中にいて、この夜間の襲撃の際、負傷したのです。私が注意深く積み上げていた大砲の弾を撃った敵軍の一人と将来結婚するようなことになるとは、夢にも思いませんでした。」と書いている。薩摩藩士の大山巌は新政府軍として、会津に銃口を向けていた。

会津開城後は、斗南藩移住を経て、一時箱館の宣教師のもとで過ごしていた。そして、明治四年一〇月、北海道開拓使から女子留学生の募集があり、一一歳の咲は「捨松」（捨てたつもりで待つ）と改名され、岩倉使節団に伴い渡米した。

政府の使節団四六名、随員一八名の他、留学生は男子五三名、女子は五名であった。女子の応募は難航し(一〇年の期限で旅費・学費は官費、お小遣いは年間八〇〇ドルという破格の待遇であったが、応募者はなかった)、再募集で集まった娘は、いずれも戊辰戦争で敗者となった側の子女たちであった。

旧幕臣の娘・吉益亮子は一四歳。幕末に外国奉行に出仕していた父正雄は外務省役人であった。同じく旧幕臣の娘・上田悌子は一六歳。やはり父友助は幕末に外国奉行に出仕しており、慶応二年に渡欧した経験があり、悌子はすでに新潟でメアリー・キダー(後にフェリス女学院を創設)に英語を師事していた(評論家・詩人の上田敏は甥にあたる)。

静岡県士族の娘・永井繁子は一〇歳。永井家の養女となったが、実父・益田鷹之助は幕末に外国奉行に出仕し、文久三(一八六三)年に渡欧の経験があった(兄益田孝は後に三井物産を設立した)。そして、最年少の津田梅子は六歳。旧幕臣の父仙は外国奉行の通訳で、慶応三年に渡米した経験があった。

留学の見送りでは「アメリカ三界まで小さい女の子をやるとは、母親の心は鬼でしょう」とささやかれたというが、いずれの子女も捨松同様に家族が渡航経験を持つ少女たちであった。

少女たちは、出発前に昭憲皇太后に賜った「婦女子の模範たれ」のお言葉を胸に、女子留学生の先駆者となるべく、船に乗り込んだ。

四　一一年間のアメリカ留学生活

明治四年一一月一二日、横浜から出航した船は、二三日後にサンフランシスコに着いた。振り袖姿の少女たちは注目の的となり、到着後、洋服を調達する予定であったが、日本の文化として珍しがられたので、なかなか洋服を着られなかったという。振り袖の着物は着付けに手間がかかり、歩きづらく、髪を結うのが大変であったとの記録がある。結局、岩倉具視が洋装となったことで、少女たちに洋服が手配された。

当初はワシントン市内の一軒家にて五人で共同生活をしていた。しかし、英語の学習成果が上がらなかったので、病気やホームシックにより亮子と悌子が帰国となったのを機に、監督責任者の森有礼（駐米公使、後の初代文部大臣）は捨松、繁子、梅子をそれぞれ、アメリカの家庭に託すことにした。

明治五年一〇月、捨松は次兄の健次郎がイェール大学の付属校に留学していたので、その近く、アメリカ北東部、ニューヨークとボストンの間にあるニューヘイブン（コネチカット州）にある宣教師レオナルド・ベーコン（奴隷解放の運動家として知られていた）のもとで勉学に励むこととなった。

ベーコンには一四人の子供がおり（前妻との九人、後妻との五人）、そのうち六人がベーコン家で暮らしていた。末娘のアリスは捨松より二歳上であった。二人は親友となり、捨松の心の支えとなった。また、健次郎も毎週訪れ、日本語を忘れないように勉強させたので、この環境が捨松の留学の寂しさを紛らわせた。近くの公立中学校に通い、明治八年九月、ヒルハウス高校に進学する。日本では女性がやらないもの、木登り、かけっこ、水泳、自然科学、弁論術などが得意であった。

明治一一年九月、ニューヨーク州にあるヴァッサー大学に入学が決まり、ベーコン家を後にする。ヴァッサー大学には、繁子も入学した。捨松は普通科（四年制）、繁子は芸術科の音楽（三年制）を専攻し、寄宿舎では隣同士で過ごした。私立女学校（アーチャー・インスティチュート）に通う梅子とは、万国博覧会を見学したり、キャンプをしたり、クリスマスを過ごしたり、たまに会う計らいがあった。

明治一五年六月一四日、ヴァッサー大学を卒業する。卒業論文は「英国の対日外交政策」(イギリスは表面的には日本を文明国にしようとしているが、自国の貿易取引を有利にしていると分析)であり、卒業生三八名中、代表の一〇人に選ばれ、和服に身を包んで記念講演をした。このとき、ニューヨーク・タイムズより取材を受け、新聞社から入社の誘いがあったが、捨松は「私の知識は日本のものですから」と断ったという(図3)。

それはそうと、実は前年に一〇年の留学期間の満了を迎え、帰国命令が出ていた。繁子はちょうど修了であったため帰国したが、捨松と梅子はあと一年で大学と女学校の修了の区切りであったため、留学期間を延長していた。

捨松は大学を卒業すると、帰国の日までベーコン家に再びホームステイしながら、時間を無為に過ごさないようコネチカット看護婦養成学校にて看護学を学んだ。ここで、甲種看護婦の免許を取得した。これが後に捨松の大きな糧となるとは、この時思いもしなかったであろう。

ちなみに、アリスとの友情は終生続き、帰国後は胸のうちを赤裸々にした文通が続いた。アリスは、明治二一年に華族女学校の英語教師として一年間、明治三三年に梅子の女子英学塾の英語教師として来日している。

明治一五年一一月、捨松は梅子とともに帰国した。十二単衣で宮中にあがり、帰国報告をした(図4)。繁子は「辛かったとき、ここで挫けては皇后様にも父母にも申し訳ないと歯を食いしばってがんばりました」と記しているが、女子留学生たちは、ホームシックにかかりながらも辛いことに耐え抜き、日本語を忘れてしまうくらいアメリカでの生活に順応し、日々を過ごしてきた。

しかし、貴重な経験を積んだ捨松と梅子を待っていたのは、想像と異なる境遇であった。男子留学生は帰国すると何かしらの役職があったが、女子の留学の経験を生かせる職場がなかったのである。この時、捨松は「大学時代のあの悩みのない日々に戻りたい」とアリス宛の手紙に弱音をはいている。

そのようななか、同年一二月、一年早く帰国していた永井繁子と瓜生外吉海軍中尉の結婚式が催された。外吉はアナポリス海軍兵学校（アメリカ東部、メリーランド州）に留学しており、繁子のヴァッサー

図3　ヴァッサー大学在学中の捨松
（『鹿鳴館の貴婦人大山捨松』口絵より転載）

図4　明治15年・宮中に帰国報告
（『鹿鳴館の貴婦人大山捨松』口絵より転載）

大学の卒業式にも列席していた。捨松も面識があった。

大学で音楽を専攻した繁子は、帰国後は文部省直轄の音楽取調掛のピアノ教師に採用されており、稀有な存在として重宝されていた。梅子もまた、自分たちの「責務」を果たすためにはどうしたらいいか悩んでいた時であったので、繁子の結婚は衝撃であったことを手紙に残している。捨松も考えが整理できないなか、繁子の結婚式は挙行された。披露宴の余興では「ベニスの商人」が催され、捨松はポーシャ姫を演じた。この結婚式に、大山巌が列席していた。

五　薩摩隼人・大山巌

大山巌とはどのような人物だろうか。天保一三年、薩摩藩の城下・加治屋町の下級藩士大山綱昌（西郷隆盛の父吉兵衛の弟）の次男として生まれた。幼名は弥助といい、砲術専門の家柄であった。隆盛は一五歳上の従兄にあたる。

藩政時代の薩摩藩は、数十戸単位で一団をつくり、読み書きや薩摩武士の精神を学ぶ「郷中《ごじゅう》教育」を実践しており、人材教育に熱心であった。巌もこの教育を受けて幼少期を過ごしている。郷中では、竹槍で戦い、石を投げ合う「いっさごっこ」があるが、巌は竹槍を受け損ない、左目を負傷し、終生視力が弱かったと伝わる。

幕末期の巌は血気盛んであった。尊皇過激派の有馬新七が中心となった薩摩藩の藩内抗争である寺田屋事件（文久二年）に関係し、謹慎処分を受けている。が、その翌年に起きた薩英戦争にてイギリスの新式大砲の威力を知り、欧米との差を痛感すると、江戸の江川太郎左衛門塾で兵学を学んだ。フランスで開発された四斤山砲を改良した大砲（長四斤山砲）は「弥助砲」と呼ばれ、戊辰戦争にて実戦に使われたといわれている。会津戦争では、巌は砲隊長として会津若松城下に迫るが、城総攻撃前、右股貫通の重傷を負い、一線から退いた。この時、八歳の捨松が籠城していたのはすでに述べている。

戊辰戦争後は、普仏戦争を視察、明治三年より三年間、陸軍大佐としてスイスのジュネーブに留学した。余談であるが、スイス留学直前、薩摩藩兵として東京駐在しているとき、イギリス公使館軍楽隊から国歌の必要性を説かれ、巌は『和漢朗詠集』に所収されている薩摩琵琶の「蓬莱山」の一節を選定している。これが、「君が代」である。この歌詞にちなんでか、この頃に弥助から「いわお」と改名した。

スイス留学より帰国すると、征韓論を主張した西郷隆盛に対し、慰留に努めたが説得できなかった。明治七年一二月に陸軍少将に昇進、明治九年には、旧薩摩藩士吉井友実の娘・沢と結婚した。西南戦争では、政府の征討軍として隆盛らを攻撃する立場となり、苦渋を味わった。

巌は、明治一三年二月より明治二四年五月まで陸軍卿・陸軍大臣に就任（位は陸軍中将）した。その後も明治二五年八月から二九年九月まで陸軍大臣（日清戦争の出征を除く）、かつ陸軍大将（明治二四年五月〜二八年三月）を歴任し、長い間陸軍のトップに君臨した。日清戦争では陸軍大将・第二軍司令官、日露戦争では元帥陸軍大将・満州軍総司令官を務めている。

巌と沢の間には、四人の女の子に恵まれたが（次女は早世）、明治一五年八月、沢は産後の肥立ちが悪く、亡くなる。そのとき、失意の巌の前に現れたのが、ポーシャ姫に扮した捨松であった。

明治一六年二月、山川家に西郷従道（隆盛の弟）を通して、巌と捨松の縁談申し込みがあった。当時陸軍大佐、陸軍省人事局長であった捨松の兄・浩は固辞した。が、従道は徹夜で説得にあたった。会津は賊軍だというと、薩摩も西南戦争で賊軍となったと返され、押し問答が続いた。そこで、返事は捨松の気持ち次第ということとなった。

捨松は、当分結婚はしないと考えていた。だが、当時では珍しかった巌とのデートを重ねるうちに、結婚を承諾する。一八歳の年の差があった。薩摩弁がきつかった巌と日本語が困難な捨松の会話は、フランス語でなされたといわれる。

同年一一月八日、巌と捨松の結婚式が挙行された。招待状はフランス語で出され、開館直前の鹿鳴館で行われた。鹿鳴館は、国賓の迎賓館として、お雇い外国人のジョサイア・コンドルが設計し、旧薩摩藩上屋敷の敷地に建設された。現在の日比谷・帝国ホテルの辺りである。ふたりの結婚式は、「東京で開かれた一番素晴らしい夜会」と称され、同時に欧化政策を推進する鹿鳴館時代が始まる。

六　鹿鳴館の貴婦人

鹿鳴館は、明治一六年一一月二八日に開館した。

開館日には、外務卿井上馨・武子夫妻が主催となった舞踊会が催され、陸奥宗光・亮子夫妻、伊藤博文・梅子夫妻などが出席、新婚の巌と捨松も参加した。そのうち、捨松は欧化政策による上流階級の夫人の地位向上につながるように、鹿鳴館で社交ダンスや西洋式の礼儀作法を教えるようになった。

また、捨松は結婚と同時に三人の娘の母となった。前妻との長女信子（六歳）、三女芙蓉子（四歳）、四女留子（二歳）である。乳幼児の子育てに加え、薩摩人の接待、日本の習慣など、慣れないことに苦労することが多くあった。そのようななか、明治一七年二月、海外派兵を視野に入れた鎮台から師団への編成を学ぶため、巌は欧州へ一年間の留学に出掛けてしまう。

巌が留守なだけでも大変な環境であるが、捨松は家事と並行して、華族女学校の設立準備委員を勤めている。下田歌子（後に実践女学校を創立）と共に学則や授業内容を検討し、開校まで知恵を絞った。

図５　鹿鳴館時代
（『鹿鳴館の貴婦人大山捨松』口絵より転載）

忙しかった捨松であったが、女学校設立の準備はかなり嬉しかったようで、アリスへも女子教育改革の期待を膨らませる手紙を書いている。

同年一一月、捨松は娘・久子を産んだ（巌の五女）。続けて、明治一九（一八八六）年二月に長男・高、明治二〇年六女永子（早世）、明治二二年六月に次男・柏に恵まれた。鹿鳴館の舞踊会は明治二三年まで続いたが、社交ダンスのステップを踏んでいた捨松は、妊娠中のことが多かったのである。六人の子育てをしながら、鹿鳴館に通っていたとは、当時の捨松の華やかな写真からは想像できない(図5)。

また、この頃の日本の社会には「慈善事業」が浸透していなかったが、捨松が中心となり、鹿鳴館にて日本で最初となる慈善バザーが開催されている。明治一七年六月の初回のバザーは一万二千人の集客があり、収益金は、全額が有志共立東京病院(東京慈恵会医科大学附属病院の前身)に寄付された。バザーでは、同じ会津出身で孤児や貧民の救済に尽力していた社会福祉事業家・瓜生岩子による飴糟の出品などもあり、三姉の操、井上武子、伊藤梅子、津田梅子らも手伝っている。

これまで、大山一家は陸軍大臣官邸(永田町)に居住していたが、明治二二年冬、青山の隠田(現在の原宿)にレンガ造りの五階建ての大山邸を完成させた。当時は狐が住むような寂しいところで、突如建築された風見鳥が回る大山邸は異様であったといわれる。この洋館にフランスで購入した家具や寝具などを揃え、西洋式の生活を送るようになった。巌は、ルイ・ヴィトンの顧客リストに名を連ね、ビフテキが何よりの好物であったと伝わる。翌年一一月には、大山邸に明治天皇が行幸し、能や詩吟、薩摩琵琶などでもてなしている。

ところで、鹿鳴館時代、秋山好古はフランスへ留学していた。旧伊予松山藩主である久松家当主の久松定謨《さだこと》の後見役で、かつ私費留学という立場であったので金策に苦労したが、騎兵訓練に勤しんだ。途中から官費留学に切り替わり、フランス陸軍ルアンの騎兵隊勤務となり、この留学が日本騎兵の父といわれる程の成果につながった。欧化政策の時期、それぞれの立場で近代国家づくりを追い求めていたのである。

陸軍大将夫人となり、公私ともに順風満帆の捨松であったようにみえるが、明治三一年より徳冨蘆花(熊本出身)が国民新聞に連載した『不如帰《ほととぎす》』に苦しんだことがあった。

「あああ、人間はなぜ死ぬのでしょう！　生きたいわ！　千年も万年も生きたいわ！」という台詞が象徴となり、人々の涙を誘った小説は、ベストセラーとなった。継母が継子をいじめる内容が含まれており、登場人物の家族構成が大山家と似ていた。

明治二六年四月、長女信子は三島通庸(薩摩出身、警視総監)の長男・弥太郎に嫁いだ。弥太郎は、アメリカ留学より帰国したばかりで、農商務省に勤める官僚であった。結婚した冬、インフルエンザが流行り、信子も罹患し、こじらせ結核を煩うようになった。病気となった新妻の信子は実家に返されてしまう。そして明治二八年九月に一方的に三島家より離婚が通知され、翌年五月、信子は失意の中、二〇歳で亡くなる。

捨松は看護学を学んだ経験から、結核の感染を防ぐために、自宅に離れを作り、他の家族と隔離した状態で懸命な看護をしていたのであるが、この一連の出来事を蘆花が面白おかしく小説の題材にし、フィクションであるのに、国民の格好の噂話となった。

捨松は結核にかかった継子を虐める継母になぞらえられ、誹謗中傷が向けられ、いわば風評被害に苦しめられた。この状況に「信子がこのことを知ったら、私のことを思い、悩み苦しんだことでしょう」と継子を想い心を痛める優しい継母であった。

大正になって、あれはフィクションであると、捨松を庇った雑誌記事が掲載されたが、蘆花からの謝罪はなかったという。

七　妻として、母として

捨松は、明治二〇年に発足した「日本赤十字社」に働きかけ、「篤志看護婦人会」の大きな推進力となった。近代以前、日本では男性が病人を看護することが多かったのだが、捨松は欧米社会では女性の看護が高く評価、尊敬されていることを熱心に説き、女性が看護する「看護婦」の育成に努めた。日清戦争が始まると、上流階級の夫人たちは、包帯巻き等に従事した。捨松は看護婦の免許を持っていたので、病室看護や治療助手を自ら進んで勤める姿があった。

日露戦争中は、渋谷の日本赤十字病院にて看護した。ここを訪ねたアメリカの通信員は、流暢な英語の女性に病院を案内されたので、「英語はどこで修得したのか」と尋ねると、「ヴァッサー大学」と答えたことに驚いている。名刺を出して今後の通信を依頼したところ、彼女が満州軍総司令官の妻だと知り、さらに驚愕したとの逸話が残る。明治三八年に旅順が陥落すると、アメリカの新聞は大山巌を「東洋のナポレオン」と賞賛し、その妻がヴァッサー大学出身と讃えた（図6、7）。

また、捨松は戦争中、アリス宛に日本への支援と募金を呼びかける手紙を送っていた。

アリスも旧友のために奔走し、アリスが集金した募金は、父親が戦死して母親が働いている家庭の子供を預かる「託児所」を作る資金となった。アリスには「兵隊たちは凜々しく、私も兵隊になりたい」と語っており、軍人の妻らしく、戦争へと向かう時代に則った考えを持っていたことがうかがえる。

この頃、与謝野晶子（一八七八〜一九四二年）は「君死にたまふことなかれ」を発表し、反戦を謳っており、明治四四年には平塚らいてう（一八八六〜一九七一年）らと、『青鞜』を創刊している。このような近代的自我に目覚めた進歩的女性は「新しい女」と呼ばれ、女性参政権や女性解放など、女性の地位向上を求める大正デモクラシー（女性解放運動）が盛んになっていくが、捨松は彼女らより二〇歳近く年が離れており、彼女らとは考えは違っていた。

アリスへの手紙をみると「女性の自我の芽生え」の話題があり、関心がなかったわけではなく、特に明治末期の女子教育について、家庭に縛り付ける科目（裁縫、修身、家政など）に特化しているのを不安視していた。

明治三三年には、津田梅子が中心となった「女子英学塾」（現・津田塾大学）の創立に尽力している。塾

図6　日露戦争出征前の大山家
左から捨松、高、巌、柏、久子（『鹿鳴館の貴婦人大山捨松』口絵より転載）

図7　九段下の大山巌像
（東京都千代田区、平成30年5月山岸良二氏撮影）大正7年完成、はじめは憲政記念館前に建てられた。戦後、軍人の銅像は多くが撤去されたが、マッカーサーが巌を尊敬していたので撤去を免れた。上野を経て、昭和44年に現在地に移された。

長は梅子、捨松は顧問という立場で、捨松は、教師にアリス・ベーコンを推したり、出身のヴァッサー大学の同窓生に寄付を募ったりしている。学問重視の女子教育の実現を目指し奮闘した。

がしかし、その一方では「新しい女」の登場に、日本古来の美徳であった女らしさが失われるのではと心配していたのが捨松の立場であった。現に、大山家の生活は西洋式であったが、娘たちには他家に嫁ぐときに困らないように、大山邸の子供部屋は和室で、和服で生活させ、日本の習慣や身嗜を大山家の伯母や長姉・二葉に指導してもらっていた。

捨松には、長男・高、次男・柏の二人の男子があった。高は父が陸軍の長官であったため「親の七光り」といわれると考え、海軍兵学校に進んだ。教師と常に衝突し問題児であったらしいが、頭脳明晰で学科は抜群に優秀であった。

しかし、明治四一年、海軍士官候補生として練習艦隊に属し、軍艦松島に乗船したとき、台湾澎湖諸島の馬公基地で火薬庫が爆発し、松島は爆沈した。高の殉職の報に捨松の悲しみは相当であったと伝わる。佐世保での慰霊祭には、長姉・二葉も出席した。

このため、次男・柏は鮫島家の養子となる予定であったが、急遽大山家の家督を継ぐことになり、学習院を中退し、陸軍幼年学校に入学した。柏は陸軍少佐まで昇級し、近衛文麿の妹・武子と結婚した。が、次第に考古学の研究に傾倒するようになり、昭和三年に陸軍を退官、慶應義塾大学で考古学を教えながら、自宅に史前学研究所を創立し、学者としての道を歩むようになる。

また、柏は戊辰戦争の研究大書といわれる『戊辰役戦史』を著しており、母からの聞き取りを交えながらも、公平な立場で戦争を分析している。そのほか、大山家の回顧録（『金星の追憶』等）など、多くの著作を残した。

回顧録に、柏が陸軍幼年学校の時、母より英文の手紙が届いた逸話がある。陸軍ではドイツ語、フランス語、ロシア語の学科しかなく、誰一人読めなかった。英和辞典の所持を許可してもらい、ようやく解読したらしいが、母からの手紙なのに非常に難解であったとこぼしている。ちなみに、内容は日本語ですらややこしい、金庫の開け方であったとの笑い話であった。

大山家の普段の生活も英語・ドイツ語・フランス語が飛び交っており、特に夫婦の他人に聞かれたくない話はフランス語で会話していたといわれる。

また、捨松は日本語より英語が得意なように、手紙も英文の方が得意であった。そのため、戦場の巌宛の手紙は長姉・二葉が代筆した。英文で日記もつけており、書架二つほどあったという。なかには家計簿的な金銭の出納帳、裁縫の覚え書き、料理のメモまで混在していた。

柏は、母の記録を翻訳し、巌の日露戦争の従軍日記と日付を合わせて、留守家族の在り方とその生活について、両者を対照した内容の書籍出版の計画を立てていた。上段に巌の日記、中段に母の日記、下段に英文翻訳をつけた体裁で整理し、入校を待つだけに編集をした。そして、出版社に渡す直前、第二次世界大戦の空襲に遭い、隠田の大山邸とともに原稿や捨松の記録すべてを焼失してしまった。

これが出版されていたら、もっと捨松本人がどのような考えを持っていたか明らかになったかと思うと、悔やまれてならない。

八　捨松の原点

捨松は巌と結婚したことで、自らの経験と知識を生かせる社会福祉事業や女子教育に携わっていったが、家庭では良妻賢母の模範のような生涯を送った。その原点はどこにあるのだろうか。

これまで、私は山川家の歴史を紐解いてきたが、山川家の兄弟姉妹とは、晩年に至るまで連絡を密にしており、お互いの子女・孫の嫁ぎ先や就職先に至るまで面倒をみて、支え合いながら、明治・大正期を生きていた。

捨松の長姉・二葉と次姉・ミワは、藩政時代に多感な青年期を送っている。会津藩では、藩士の子弟の義務的な就学制度として、一〇歳以上の男子はすべて日新館で教育を受けた。藩校への就学前、六～九歳までの子弟は、一〇人前後の集団「什《じゅう》」をつくっていた（実はこの人材教育は、薩摩藩の「郷中教育」と似ているのである）。各集団を「遊びの什」とも呼び、年長者が什長となり、「什」には「什の掟」七ヶ条があった。

「什の掟」とは、年長者に背くな、年長者にお辞儀をしなければならぬ、嘘言は言うな、卑怯な振舞はするな、弱い者はいじめるな、戸外で物を食べるな、戸外で夫人と言葉を交わすなの七ヶ条であり、各条がすべて「なりませぬ」との抑制で終わり、最後に「ならぬことはならぬものです」と念押しする。朱子学的倫理として色濃い「悌《てい》」（年長者に従順に仕え、兄弟・幼長に情が厚いこと）の教えであり、毎日の「お話」というかたちで実践・体得させていた。

「什」が集まる家は、交替制であった。そのため、会津藩では家庭教育が重視され、「家庭にて子女の教育に当たった主婦は、素読・習字をみてやる傍ら、純愛にもとづいて将来の心得となるべきことを何くれと教誡」していた。つまり、切腹の稽古や質素倹約、厳しい躾など、子弟が藩校に入学する以前から女性による教育で謹厳実直の士風が養成されていた。かつ女性は夫や家族に奉仕すべきで、家を守るため貞節であるべきであり、会津藩の女子教育は、良妻賢母主義教育であった。

図８　山川家の兄弟姉妹
（明治 29 年 6 月 28 日撮影、鵜沢佳子氏提供）
2 列目着席者 1 番左より常盤、操、ミワ、二葉、山川仲（浩後妻）、山川鉚（健次郎妻）、捨松、柏、3 列目左より 4 人目高、後列左より健次郎、浩。

明治中期、東京での山川家は近所にあり、（浩は牛込区若松町〈現・新宿区〉、二葉は小石川区久堅町〈現・文京区〉、健次郎は小石川区初音町〈現・文京区〉、操は小石川区西江戸川町、のち小石川区同心町〈現・文京区〉）、互いによく行き来していた。「什の掟」には「年長者に背くな」とある。会津藩の教育は男女同権ではなかったが、男女かかわらず年長者は尊敬されており、山川家の家督を継いだ浩が長姉・二葉に対して尊敬を表す逸話がたくさん残っている。それを考えると、捨松はアメリカ留学をした上流階級の夫人として、山川家のなかでは雲の上の存在のような印象のある人物であったが、末っ子の捨松は、姉たちに尊敬の念を抱いていたであろうし、姉たちはよく捨松の助けになっていた。

つまり、姉たちを通して、会津の教えを身近に教えられながら、良妻となり、賢母となり、明治の世を生きていたといえる(図8)。

九　那須野ヶ原の開拓

那須野ケ原は長らく不毛の土地であった。

那須岳の噴火による火砕流や火山灰が積もってできた台地、複合扇状地で水はけがよく、耕作に不向きであった。明治になり、ここに多くの元勲たちが農場を開いている。出資したのは、主に薩長出身の元勲たちで、例えば松方正義、三島通庸、山縣有朋、品川弥二郎、山田顕義、青木周造らであった。那須には皇室の御用邸があるが、三島の別荘が大正天皇に献上されたのが縁で現在に至っている。

那須疎水がひかれたのは、明治一八年であるが、それより四年前、大山巌もまた、西郷従道と共に那須之原に五〇〇ヘクタールの農場を開設している。出身地にちなんで、加治屋開墾場と名付け、永田、下永田、鍛治屋の三つに区分し、那須開墾社の協力を得て、開墾・植林し、羊・牛を導入した。

しかし、予期していた成果は得られず、すぐに小作経営に転換した。小作者は次第に増加し、明治三五年には、西郷家と大山家で将来のために、加治屋開墾場を分割した。大山家の所有となった「大山農場」は二四三ヘクタール(のちに二七二ヘクタールに拡大)、小作人五〇戸前後を雇い、宅地料収入は一三五戸あった。

また、農場の事務所の近くに、鹿児島の台風に備えた造りの和風建築の別荘と農場で焼いたレンガを使って洋館の事務所を建築した。巌と捨松は、多忙な公務の合間を縫って、時折足を運んで、付近の農夫と談笑し、田園風景を楽しんでいたと伝わる（大山家の別荘は沼津の牛臥山のふもとにもあったが、戦中、東京の大山邸が焼失したときは、次男・柏は一家挙げてこの別荘に定住となった）。（図9、10）

図9　大山家那須の別荘・洋館

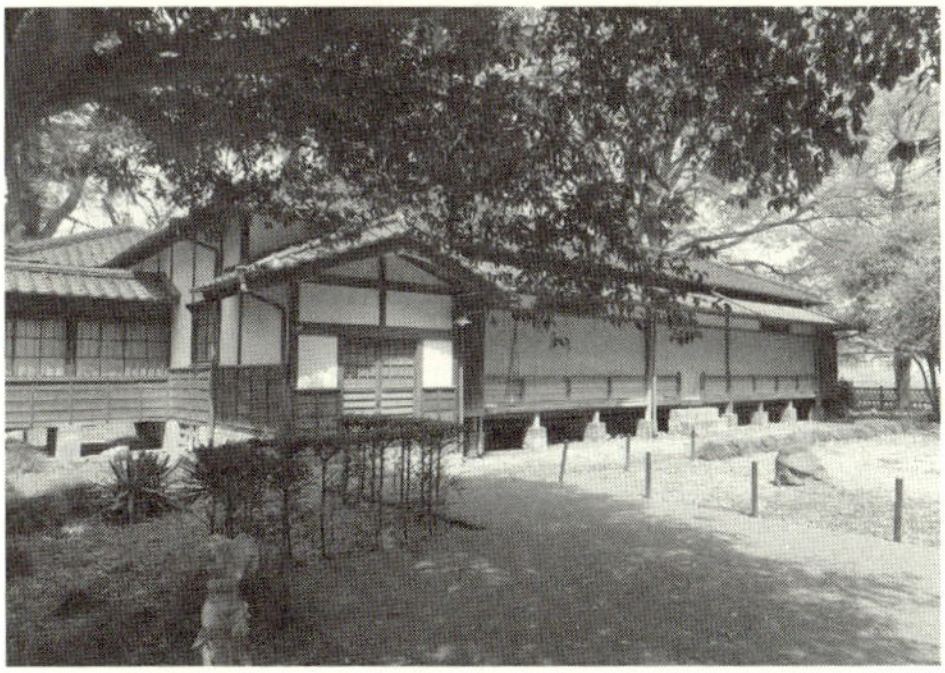

図10　大山家那須の別荘・和館
（図9、10とも栃木県那須塩原市、平成30年4月著者撮影）

ちなみに、明治一〇年代末、鉄道敷設（現東北本線）に反対の黒羽町、大田原町に代わり、大山家は駅の用地を鉄道に寄付したので、農場は西那須野駅に程近い場所にある。そのため、那須の別荘に行く際は、家族と数十人の使用人と特別列車を申請して出掛けていた。

その後、大山農場は、昭和四四（一九六九）年に県有地となり、現在は栃木県立那須拓陽

図11　栃木県立那須拓陽高校の正門・大山門

図12　大山家墓所
（図11、12とも栃木県那須塩原市、平成30年4月著者撮影）

高校が管理している。別荘は記念館として、現在も在りし日の姿を留める。大山家で使われた門は移築され、「大山門」と呼ばれる高校の正門となり、地元で親しまれている。また、大山家の墓地も同地にあり、墓所へ続く参道は紅葉の名所となり、「大山参道」と名付けられている（図11、12）。

巌は、大正五（一九一六）年一二月一〇日に死去した。七五歳であった。闘病中は軍歌「雪の進軍」を聞いていたといわれる。国葬が執り行われ、那須の地に埋葬された。

捨松は、大正八年に入り、津田梅子が病気となり、梅子を助けるため、女子英学塾理事の任を担い、後任者を決める仕事に奔走した。後任者がイギリス留学を経験し東京女高師で教師をしていた辻マツに決まり、同年二月五日に塾長代理の就任式が行われた。翌日、無理がたたったのか、インフルエンザに罹患、その上、肺炎を起こし二月一八日に死去した。巌の死からわずか二年余り。五九歳であった。捨松も那須の大山家墓地に眠っている。

会津中街道で那須岳の峰々を超えると会津であるのに、捨松は会津戦争以後、一度も郷里に帰らなかった。巌もまた、西南戦争以後、一度も郷里に帰らなかった。故郷を喪失した二人にとって、那須の地が永遠の安住の地となった。

おわりに

柴五郎の回顧録の解説に、（薩摩と会津の結婚は）「時代の変転、人世の無常をしみじみと感じさせる」との記述があるが、巌と捨松の結婚の報が流れると、当時の会津では「人身御供だ」と騒がれ、山川家に抗議の手紙が殺到した。結婚した当初、戊辰の痛みが癒えたわけではなかった。

このような世相のなか、捨松は旧薩摩藩士との結婚を決めた。アリスに「いろいろと考えた末、結婚することにしました。わたしがつけそうな仕事はなさそうだし、それならば彼と結婚して、その立場から日本の女性のために何かできるのでは思うのです。」とはっきりと手紙を書いており、この決断は一種の合理性があったのである。両親を身近に知る次男・柏もまた「母は父との結婚で不自然の多くが解消した」と書いている。

巌の性格について、「茫洋《ぼうよう》」と評されることがある。日露戦争中、満州軍総司令官として、戦略をすべて知っていながら部下に任せてみたり、「今日はどこかで戦争しているのか」といって、場を和ませたりの逸話が残る。まるで「つかみどころのない人物」であったらしいが、柏には「戦争中は、辛い時に辛い顔が出来ないことが一番辛かった」と伝えている。

巌には包容力、統率力があった。「西郷隆盛の再来」「西郷が乗り移った」などと形容されることが多いが、「巌像」から「理想とする西郷像」が考えられたのではないかと、上野の西郷像のモデルといわれていることからも思わずにはいられない。

時代の要請であった留学を終えた捨松を待っていたのは失望であった。その捨松に光を与えたのが巌であった。そのような二人が、明治の世においてそれぞれの立場から役目を全うし、「時代の責任を担った」のである。

捨松も幸福な楽天家であったのか。なぜ捨松だったのか、捨松でなければならなかったのか。辛い経験をしている籠城中の捨松や留学中に泣いている捨松を思うと、私はそっと抱きしめてあげたくなる。

斯様な少女はいつも希望を捨てなかった。少女は道を切り開き、近代国家を支える女性の模範であろうとしたし、夫人として欧化政策に協力し、慈善事業を展開し、女子教育を考え、看護の草分けとなり、銃後の妻の務めを果たした。

このような女性の生涯からは暗さは感じられず、いつも前のみをみつめながら歩く底抜けの明るさがある。その時代に与えられた命への責任とはこういうものかと現代を生きる私たちは襟を正す。

これらを考えると、捨松もまた、坂の上の雲をみつめ、登っていったひとりなのである。

【付記】

本稿の骨子は、平成三〇（二〇一八）年五月二六日に開催された歴史講座「大山巌をめぐる女性」（至習志野市市民プラザ大久保）、同年一〇月二七日に開催された戊辰百五十周年・会津市民憲章五十周年記念式典「山川家の五女・捨松と大山巌―近代日本の貴婦人へ―」（至会津若松市ワシントンホテル）で講演した。史料提供や聞き取り調査では山川二葉曾孫・杉浦恭子氏、二葉玄孫・杉浦隆之氏、杉浦勢之氏、桜井ミワ曾孫・鵜沢佳子氏、岡本静子氏にご教示を賜りました。記して御礼申し上げます。

【参考文献】

秋山ひさ「明治初期女子留学生の生涯」『神戸女学院大学論集』三一号三巻　一九八五年。

石光真人編『ある明治人の記録―会津人柴五郎の遺書―』中公新書　一九七一年。

今泉宜子『明治日本のナイチンゲールたち』扶桑社　二〇一六年。

遠藤由紀子「会津藩家老梶原平馬をめぐる女性―山川二葉と水野貞と「仕事」―」『女性と仕事』（女性文化研究叢書第七集）御茶の水書房　二〇一〇年。

遠藤由紀子「瓜生イワの社会福祉事業をめぐる一試論―「家族国家」観と良妻賢母像との関わりから―」『女性と家族』（女性文化研究叢書第九集）御茶の水書房　二〇一四年。

遠藤由紀子「会津藩家老山川家の明治期以降の足跡―次女ミワの婚家・桜井家の記録から―」『女性文化研究所紀要』四五号　二〇一八年。

大山柏『金星の追憶』鳳書房　一九八九年。

大山柏『戊辰役戦史』時事通信社　一九六八年。

大山記念館展示資料（栃木県那須塩原市）。

久野明子『鹿鳴館の貴婦人大山捨松―日本初の女子留学生―』中公文庫　一九九三年。

久米邦武編『特命全権大使米欧回覧実記』（田中彰江校注）岩波文庫　一九七七年。

黒川龍編『山川二葉先生』私家版（櫻蔭会）一九一〇年。

桜井懋『山川浩』私家版　一九六七年。

司馬遼太郎『坂の上の雲』八巻　文春文庫　一九七八年
竹川重男「近世社会と女性たち」『福島県女性史』福島県　一九九八年。

寺沢龍『明治の女子留学生』平凡社新書　二〇〇九年。

豊田武監修『会津若松史』第四巻　会津若松市　一九六六年。

豊田武・小西四郎監修『会津若松史』第五巻　会津若松市　一九六六年。

畑敬之助「会津人の倫理観・今と昔」『会津人群像』一号　歴史春秋社　二〇〇四年。

山川二葉、雑賀あさ「會津城の婦女子」『女學雑誌』第三九〇号　一八九四年。

山川操「十七歳にて會津籠城中に實験せし苦心」『婦人世界』第四巻第八号　一九〇九年。

山川三千子『女官―明治宮中出仕の記―』講談社学術文庫　二〇一六年。

秋山好古と新潟の人々

神田勝郎

はじめに

ＮＨＫのスペシャルドラマ「坂の上の雲」は平成二一（二〇〇九）年から同二三（二〇一一）年にかけて放映された。トータル一三回の大作である。

日本の近代、明治期に登場する四国は伊予松山の、三人の若者が主人公である。それは、日露戦争で大きな役割を果たした秋山兄弟と、短歌・俳句の革新を行った正岡子規の三人だ。

その中の一人、秋山好古は日本の騎兵を育て、日露戦争で史上最強と言われたロシアのコサック騎兵を破った立役者である。その秋山好古と新潟の人々との交流について調べたものをまとめた。

最初に、調査のきっかけについて、触れてみたい。平成二一年一二月中旬、旧横越町長の浅見良一さんとお会いした日、いろいろと話が弾むうちに、浅見さんから「秋山好古の書いた石碑が、日枝神社境内にあるのを知っているかね」と言われた。浅見さんは、沢海小学校に在校当時、神社や石碑をよく写生しており、見慣れた書体ではあったが、「坂の上の雲」の放映を見てから、改めて秋山好古の書であることを確認したとのことであった。

浅見さんから、「なぜ、好古の揮毫した忠魂碑があるのだろうね」「神田君、調べてくれないかね」と言われ、司馬遼太郎の『坂の上の雲』を愛読していた筆者は、早速調査を開始した。

調査のポイントとして、つぎの三点を考えた。一点目は、忠魂碑建立の対象として考えられるのは、日露戦争の戦没者だということ。二点目は、揮毫者、秋山好古の大正二（一九一三）年の動向を確認すること、三点目は、新潟県立図書館・文書館で日露戦争関係資料を調査することであった。

調査を始めて間もなく、愛媛県松山市の松山市立図書館の蔵書に『秋山好古揮毫の石碑写真集』という出版物があることを知った。早速入手すべく、発行者の財団法人常磐同郷会へ照会のファックスを送信したが、その写真集には掲載されていないとのこと。幸いなことにそのファックスが縁となり、秋山兄弟生誕地運営委員会の仙波満夫氏との知遇を得ることができ、好古の調査に拍車がかかった。

次に調査が進展したのは「新潟新聞」と「高田新聞」の記事であった。日露戦争（一九〇四〜一九〇五）の戦没者に関するもので、さらに、大正二年には、好古が第十三師団長として、高田へ着任したことが分かった。

加えて、忠魂碑のある沢海の大町家から、決め手となる貴重な文献が見つかった。『嗚呼我が郷里三十の俤』と題する小冊子である。その中に、忠魂碑建立の経緯が記されていた。これにより、日露戦争で戦死した、大町助作氏と斉藤源次郎氏という二人の兵士の為に、忠魂碑が建立されたことが明らかとなった。しかも石碑の揮毫は、秋山好古であった。はたして、誰がどのようにして好古に頼んだのか、その解明が待たれることとなった。

そこで、大正二年の秋山師団長の動向や新潟の人びとに焦点を当てながら、解明を進めていきたい。特に、揮毫をした好古の心情を知るために、本書執筆者の一人でもある仙波満夫氏からお借りした、伝記『秋山好古』とＮＨＫ松山放送局制作のＤＶＤ「拝啓秋山校長殿」は、とても参考になった。その上、秋山騎兵隊には優れた三人の新潟県人副官がいたことも分かった。しかも、日露講和条約の批准をめぐる横越出身の東大教授建部博士の動向も新たな発見であった。また正岡子規の門下生がいたことも分かってきた。「坂の上の雲」の時代に、新潟の人々がどのように生きたのか、好古や子規達とどのように関わり、交流をしていたのか、興味は尽きない。

一　忠魂碑と二人の兵士

横越村の日露戦争戦没者

新潟市江南区沢海二丁目一五番三〇号の日枝神社境内には、秋山好古が陸軍中将の時に揮毫した忠魂碑がある。忠魂碑の建立は大正二年七月であることが、碑の近くの石文によって読み取れる。石文には、建立者として「賀表講」と刻まれ、併せて昭和五〇(一九七五)年一〇月に礎石などの補修を行ったことが記されている。このとき補修を主宰した団体は、沢海区会、沢海遺族会、沢海軍恩会であったことも、石文の文字情報によって明らかである。このことから、対象となる戦没者として、日露戦争の際に沢海地区から出征して、亡くなった方について『横越町史』などから情報収集を行った。

まず『横越町史』掲載の日露戦争戦没者を見てみると、横越村全体で一三名の方が亡くなっている。

図１　日枝神社境内の忠魂碑

図２　忠魂碑近くの石文

その中に、沢海の二人の兵士の名があった。大町助作、斉藤源次郎の両名である。この資料から、沢海の忠魂碑にまつられた兵士は、大町助作と斉藤源次郎と推測される。また沢海以外の地区で戦没者が多いのは、横越の四名、小杉の三名で、その他の、木津、二本木、藤山、駒込は各一名となっている。

ここで、沢海以外の忠魂碑も見ておこう。横越神社境内にあるのは大正八年一一月建立のもので、揮毫者は川村景明《かげあき》。川村景明は、日露戦争時に鴨緑江軍司令官として満州各地で戦っており、鴨緑江軍は、特に奉天会戦においてロシアのクロパトキンに、日本軍の主力部隊と誤認させる活躍をしたことで有名である。

小杉の八幡宮境内に建立されたものは、昭和二(一九二七)年七月と記され、正面には「昭忠碑」と刻まれた奥保鞏《おくやすかた》の揮毫がある。奥保鞏は、日露戦争では第二軍司令官として出征し、南山の戦いをはじめ、遼陽会戦や奉天会戦で名を挙げている。秋山好古は、奥保鞏の第二軍に所属していたが、奉天会戦では乃木希典の第三軍指揮下に入り、ロシア軍の動静を探る斥候活動を行い、大きな功績をあげている。

このほか、横越地区の川根町にある須賀神社境内には、昭和一二年に建てられた鈴木壮六揮毫の記念碑がある。鈴木壮六は新潟県人で三条の人である。木津・二本木地区では、木津の圓通寺境内に「慰霊之碑」として、日清・日露・太平洋戦争の全ての戦死者名を記した碑が建立されている。

さらに、もう一つ加えたい碑が判明した。川根町の妙泰寺境内に建立された「戦没之碑」である。昭和二九年六月に建立されたもので、地元の遺族会による。揮毫をしたのは、横越村長大町為作であった。大町村長は、後述のように大正二年に秋山好古に揮毫を依頼した中心人物と考えられ、この時は自ら揮毫をする立場にあって、感慨もひとしおであったろう。

新潟新聞からの情報

沢海地区の日枝神社境内の忠魂碑は、日露戦争の戦死者で、大町助作氏と斉藤源次郎氏のために建立されたものであろうとの推定はできたものの、決め手になるものが見当たらない。そこで当時の新聞記事から、解明につながる情報探しに着手した。

まず、明治三七・八年頃の「新潟新聞」に掲載された記事を探すと、幸いなことに、新潟市との合併前に刊行した『横越町史』の編纂資料の一つに、新潟県立文書館でコピーした横越に関する記事があり、その中に大町助作と斉藤源次郎の記事を発見した。

明治三七年一二月二日の記事に、「大町一等卒の葬儀期日」があった。また、斉藤源次郎氏は、明治三八年四月一九日の記事に、負傷した兵士の一人としてその名が記されていた。こうした二つの記事だけでは不十分なため、さらに調査は続いた。明治三八年四月一七日の記事には、「大栄寺の戦死病没者追悼授戒」の記事があり、六日間で、僧侶七〇余名、参詣人一二〇〇人余で非常に盛儀なりと報じられている。

年の変わった明治三九年一月一九日の記事では、「沢海尚武会の追悼会及び祝宴会」の見出しのもとに、追悼会と凱旋軍人の祝賀会について報じられている。

ここで、記事の内容について順次見ていこう。大町助作の記事には「中蒲原郡横越村出身、太平溝高地鉄條網切断決死隊戦死者、歩兵一等卒大町助作氏の葬儀は、明三日大字沢海大栄寺に於いて、仏式を以て執行す」と記されている。

つぎに斉藤源次郎の記事は、「新名隊負傷の本県兵士郷貫」の見出しの下、第八中隊の負傷者名簿の中に記されている。新名隊とは新発田の第十六連隊長新名中佐の部隊のことで、郷貫とは故郷の戸籍を指す。この記事には、第五中隊に横越村字木津の菅原宗光の名が、また第七中隊には横越村横越の永井要作の名もある。この記事だけでは、負傷の程度まではわからない。斉藤源次郎の消息が判明したのは、光圓寺住職による小冊子のおかげで、斉藤は明治三八年三月九日に大負傷をし、翌一〇日に息を引きとったとわかった。

このほか、二つの記事はともに、戦死者追悼会の様子を伝えるもので、当時の村を挙げての追悼であったことが窺える。特に明治三九年一月一九日の記事は、四日前に行われた沢海尚武会による追悼会の様子を報じている。大町助作が明治三七年九月二〇日の戦死であり、斉藤源次郎は翌年の明治三八年三月一〇日の戦死であることから、日露戦争を終結させたポーツマス条約締結の明治三八年九月五日が過ぎて、改めて戦死者への深い追悼の思いから営まれたものであろう。

記事によれば、「当日は午前八時より光圓寺に於いて追悼会を執行し、参会者は戦死者遺族、凱旋軍人、町村重立《おもだち》にて、非常の盛会にて正午一発の煙火を合図に散会せし」と報じられている。さらに午後一時より沢海の尋常小学校に集まり、祝賀会を開いている。校長が平和の詔勅を奉読し、尚武会会長五十嵐氏の祝辞が朗読された後、大町助作の弟であり日露戦争に衛生兵として参加し、晴れて帰還した大町為作が、凱旋軍人四二人を代表して答辞を朗読している。兄の追悼会の後に、自らは凱旋軍人として祝賀会に臨んだ、弟の為作氏の心境は如何ばかりであったろう。

光圓寺住職の小冊子

沢海の日枝神社東側に、光圓寺という真宗大谷派の由緒ある寺院がある。先述の小冊子は、その光圓寺の大正時代の住職であった、村手受岳が編纂したものである。冊子の表題は、「嗚呼《ああ》我が郷里三士の俤《おもかげ》」（大正一一年一一月刊行）とあり、戦没兵士を追悼した詳細な記録集でもある。そして、その冊子の中に、大町助作と斉藤源次郎について、詳しく記述されていた。

この小冊子発見は、大町助作の実家の当主である、大町要作氏のご協力のお蔭である。筆者とは年賀状を交わす間柄でもあり、大町助作の遺族として保管されているものの中に、忠魂碑に関するものがないかとお尋ねすると、日をおかずして連絡があった。大町家の仏壇の下風呂（物入れ）の奥に、この小冊子が保管されていたという。「坂の上の雲」の御利益ともいうべき発見である。

早速、小冊子の中を見てみよう。執筆された村手受岳氏の緒言には「明治三七・八年戦役において我が沢海より二名の戦死者を出した。即ち大町助作君と斉藤源次郎君である。本村（横越村）はこの名誉の忠士に対し盛大にして厳粛なる葬儀を執行し、ついで墓碑を当山境内に建て、もってその霊を慰めた。その後、幾何《いくばく》もなく本大字の在郷軍人諸氏は、相謀《あいはか》りて忠魂碑を鎮守日枝神社境内に建て、錦上《きんじょう》更に花を飾ったことは、我らの記憶に未だ新たなる所である」と記されている。この記述から、秋山好古揮毫の忠魂碑は二人の若い兵士のために、建立されたことが判明した。

村手受岳の追悼誌の表題に「三士」とあるのは、実は大町・斉藤の両兵士の他に、もう一人の兵士、清田幾平のことが記述されているからである。清田は沢海の人で、大正九年のシベリア出兵の際に戦死した。大正一一年に至り、それまでなかった清田の墓碑を、寺の境内地に建立した際にこの冊子が発行され、このことにより、タイトルを「嗚呼我が郷里三士の俤」としたことが明らかになった。

いまこの冊子に触れながら、改めて、村手受岳の功績に感謝している。素晴らしい労作である。特に、格調の高い緒言の記述は勿論のこと、戦死した三人の兵士の動向について詳細に触れられていることは、慰霊としても後世への資料としても素晴らしい。ここでは大町助作と斉藤源次郎について、村手受岳の一文から見ておこう。

大町助作については、「明治三七年二月五日、召集されて戦地に臨むことになった。同年六月第三軍に属しいよいよ出征の途に就かれ、かの甲山攻撃の折は砲兵擁護の任に選抜され戦闘三昼夜、よくその任務を全うし、功を以て砲兵連隊長より感状を受け、爾来鉢巻山に転戦し、更に九月旅順口二〇三高地攻撃に参加し、一九日夜半決死隊の組織あるや、奮ってこれに入り、同志一五名とともに鉄条網切断の任に当たり、徹夜その目的を達し、払暁に至り敵塁突撃の際、敵弾に当たり勇烈なる最後を遂げられた。その情報は戦友の故清田久作氏によりて詳しく伝えられた」と記されている。

さらに村葬の様子について、「いよいよ遺骨も到着して一二月三日、大字横越と当大字の間にある鶴ケ島河原において、盛大にして悲壮なる村葬が行われた。式は導師（当山前薫村手受敬《じゅきょう》）の読経に始まり、遺族親戚等の焼香あり、ついで旗野仲太、戦友清田久作、横越村長神田又一、新潟県知事阿部浩、日本赤十字社長伯爵松方正義、新潟県蚕糸会長松田彦平、第十五旅団長歩兵大佐斉藤徳明、武徳会長子爵青木周蔵、（中略）諸氏の弔詞朗読並びに焼香で終わった。右葬儀は本村において最初の事なれば、会衆すこぶる多く、さしもに広き鶴ケ島河原も人で埋まるようであったそうである」と書いている。

つぎに斉藤源次郎を見てみよう。「斉藤源次郎君は、明治三七年二月五日動員令により同八日、歩兵第十六連隊補充大隊へ入隊した。同三月一一日後備歩兵第十六連隊第八中隊へ転じ、六月六日屯営を出発したのである。同一一日広島着、同二六日宇品港より出帆、七月一二日清国ダルニー上陸、翌一三日柳樹溝へ着した。（中略）九月一八日、二〇三高地戦闘に加わり、一〇月二五日より一二月六日まで趙家屯東南方高地警戒、同月七日第七師団第二十八連隊と交代して、趙家屯西北方高地の任に従った。（中略）明治三八年一月一一日よりは砲台監視として、旅順新市街地に宿営することとなった。然るにその後、奉天方面へ前進の命を受け、三月九日田義屯の地点において勇戦奮闘したが、不幸敵弾に当たり大負傷を受け、翌一〇日の奉天大会戦の日、最後の息を引き取られた。真に痛ましい限りである。かくて君の死は、当日の大会戦とともに、永久に我らが紀念に残った次第である。本村は君の遺骨到着をまちて、五月一〇日大栄寺に於いて村葬を執行した。その状況は大町助作君の葬儀と大同小異につき、ここには省略する」と述べられている。

二　秋山好古への揮毫依頼者

大正二年の秋山師団長

先述のように、新潟市江南区の日枝神社境内に建立された、石碑正面の碑文には、「忠魂碑」と大書された雄渾な文字が刻まれており、その脇には、「陸軍中将秋山好古書」と署名されている。石碑の後方には独立した石文があり、「大正二年七月建立・賀表講」と記されている。その石文には更に、昭和五〇年一〇月補修の文字と並んで、主宰した沢海区会・沢海遺族会・沢海軍恩会の文字も刻まれている。こうした文字情報から、大正二年の七月に賀表講の人たちによって建立されたこと、昭和五〇年一〇月に補修したことも判明されたことが分かる。補修した団体が沢海の区会・遺族会・軍人恩給受給者連盟(会)であり、建立から六二年が経過し、石碑の傾きや沈下に対応した補修工事を、昭和五〇年に行ったことも分かる。

ここで、建立当時の大正二年に戻ろう。石碑の揮毫者は秋山好古であるが、その年の動向を、資料により確認していきたい。最初に着目したのは、好古の略歴である。数冊の文献により、当時の新潟県高田市にあった第十三師団長に着任したことが分かる。いまは上越市となった高田地区に、陸上自衛隊高田駐屯地があり、その中にある郷土資料館に、好古の写真や書の写しが展示されていることを、新聞記事で知った。

早速、駐屯地の広報班に電話をして参観の申し込みをした。展示品を見ることと、大正二年当時の好古の動向を調査することが目的である。予約した三月一〇日に訪問し、佐藤広報官から説明をして頂いた。筆者が最も注目した、好古の着任からの動向については、資料での確認はできなかったが、とても重要なアドバイスを頂いた。

それは、高田図書館で大正二年当時の「高田新聞」を閲覧したら、何か手がかりがつかめるのではないかというものであった。善は急げで、駐屯地近くにある高田図書館へ行き職員の方に「高田新聞」の閲覧を申請したが、九七年前の新聞であり、現物の閲覧はできない代わりに、マイクロフィルムからの閲覧となった。三時間に及ぶ根気強い粘りが実り、素晴らしい情報がわかった。マイクロフィルムからの複写により、五三枚の好古に関する文字資料を入手することができた。

大正二年の好古は、一月一五日に第十三師団長に親補され、一月二八日に高田へ着任している。渡満に向けて三月二八日には、東京での師団長会議に出席のため高田を出発している。つまり、大正二年の高田滞在は、わずか二か月であったことが分かった。この高田滞在の二か月の間に、沢海の若い兵士のために「忠魂碑」を署名入りで揮毫してくれたのである。

しかも高田滞在の二か月間は、過密な日程を精力的に取り組み、職務の遂行にあたったことが「高田新聞」からも読み取れる。多忙な好古をして揮毫に至らしめたのは何であったのか、そして、誰がお願いしたのか。いよいよ核心に迫ってきた。

そのほか、高田滞在の期間中のエピソードも見つかった。今度は「新潟新聞」の大正二年二月一二日付けを見てみよう。

「師団長立往生」の大見出の後、「新潟より小千谷隊を視察し、一昨日の一〇日に高田における全国スキー大会に臨場の筈なりし秋山師団長は、積雪のため鉢崎に汽車とともに立往生せり」と報道されている。

もう一つの記事は、「列車の立往生」の見出しと、脇見出しに、「鉢崎付近の積雪五尺に達す」とあり、本文には「一〇日午後二時五〇分新潟駅を発したる上野行き列車は、午後七時鉢崎にて立往生となり、一一日午前八時過ぎに至るも通ぜず、而して鉢崎付近は積雪五尺に達す」と報じている。

この時、近在の在郷軍人は、好古の慰問に駆けつけている。日露戦争の最中にあって、戦場でも常に酒を手放さなかった好古への差し入れは、酒徳利で、誰一人としておにぎりの差し入れは無かったと言われている。流石の好古も、幕僚たちと苦笑するばかりであったと、後々の語り草となったという。好古が立ち往生した鉢崎駅の名は現存しない。鉢崎の地名は戦国期に見える地名で、明治二二年から三二年の大字名、明治三四年米山村、昭和三一年から柏崎市の大字となり、ＪＲの信越本線には、米山駅、柿崎駅があり、そのどちらかの駅へ代わっていったのだろう。

いずれにしろ、好古はこの年の三月二八日に高田を発って上京し、四月一日からの師団長会議に臨んでいる。四日までの会議を終えて、四月七日に門司港を出帆して大陸へ向かい、一二日には遼陽に到着した。

伊沢新潟県知事とは旧知の仲

大正二年一月二八日に高田入りをした好古のインタビュー記事が、翌二九日の「高田新聞」に載っており、七つの小見出しがある。

①高田と何らかの因縁、②越後兵は最も精良、③うまくやればよいが、④厄介な雪を利用せよ、⑤スキーは大いにやれ、⑥渡満は大なる利益、⑦高田地方の発展について、昨日着任の秋山師団長語るという記事である。

この中の③「うまくやればよいが」の記事に注目してみる。「越後と言えば今度新潟県へ伊沢知事が来たが、僕の郷里は伊予の松山、そこで伊沢君が愛媛県知事と言う関係で、懇意の間柄だよ。愛媛では随分評判も良かったが、聞けば新潟県は党争が盛んだそうで、伊沢君うまくやってくればよいが、しかしあの男は随分やるよ」と旧知の間柄であり、期待を込めたコメントを述べている。

ここで伊沢多喜男について、『日本の歴代知事』(歴代知事編さん会発行)の愛媛県知事の中からその治績を見てみよう。「伊沢多喜男は明治二年、信州(長野県)高遠藩士伊沢勝三郎の四男として生まれる。教育家で貴族院議員にもなった長兄修二の扶育をうけ、明治二八年東大法学部政治学科を卒業。愛知・山梨・岐阜・福井・滋賀等の参事官、書記官を歴任し、明治四〇年和歌山県知事を経て愛媛県知事に着任。二年半の在任中に、県政の立て直しを行い県民の信頼を得るとともに、地域開発の基礎を固めた。」とある。

好古は、こうした伊沢知事の愛媛県での実績を評価し、「あの男は随分やるよ」と述べたのだろう。

伊沢多喜男は新潟県知事からのちに、警視総監・貴族院議員・台湾総監・東京市長などの重職を務めている。

伊沢は好古着任の報を聞き、いち早く師団長を表敬訪問している。「高田新聞」の大正二年二月二日の記事には、「伊沢知事来高」の見出し付きで、師団長を訪問したことが報じられている。記事の内容は「伊沢本県知事は一日、新潟発二番列車にて長岡に来たり。午後一時より、同市にて挙行の市内店員、徒弟並びに医師会の功労者に対する表彰式に臨場し、一泊の上、今二日午前一一時高田市に来たり、新任第十三師団長秋山中将を官邸に訪問し、即日帰県せらるべし。」と紹介されている。

伊沢知事の表敬訪問を受けた後、好古は、二月六日から師団傘下の新発田・村松・小千谷などの各連隊を精力的に巡視している。二月八日の新発田連隊の巡視を終えて、翌九日には伊沢県知事の招きを受け、新潟市へ立ち寄った。「高田新聞」によれば、列車にて新潟入りをした好古は、篠田旅館にて小休憩の上、知事官邸を訪問し、ついで物産陳列館を巡覧した後、鍋茶屋の招待会に臨んでいる。この出席者は官民有志六〇余名であり、この席での好古の挨拶は、次のとおりであった。

師団長に転任後下越部隊巡視の途次、本市に対し敬意を表するため参上したるに、停車場には官民有志の歓迎を受け、またここに盛宴を設けて招待に預かりたるは、一行の深く感謝するところなり。今後とも官民諸君の同情と援護とによりて聊か本県の為に微力を尽くさんことと思う。なお当師団も遠からず渡満の途に上るべく、これが為一部の地方に対し多少の迷惑を与うべしと雖も、しかも県下数千の壮丁が大陸を視察し、その見聞によって得たる知識が、やがて本県の海外発展に対する多少の動機を作らば、必ずしも当師団の渡満を以て本県一部地方の打撃とのみいうべからず。こい願わくば、この意を諒し渡満の壮丁に対し、充分の奮励を加えられんことを望む。終わりに臨みて、本市の益々隆盛ならんことを祈る。

神田又一と大町為作

横越村は明治三四年一一月一日、旧の横越村・沢海村・小杉村・木津村・二本木村の五ヶ村が合併して誕生した。その三年後に日露戦争が起こり、明治三八年九月五日にアメリカのポーツマスにおいて、日露講和条約が調印された。

日露戦争開戦時の横越村長は石井立吉だったが、明治三七年八月三一日から、神田又一が村長に就任している。神田村長が、時の新潟県知事から村長当選の認可を受けたことを証する認可証が残っている。当時は阿部浩が知事だった。阿部知事はその年の一二月三日に行われた大町助作の村葬に出席し、弔辞朗読と焼香をして大町助作に哀悼の意を表している。

明治四四年の横越村第三回村会議員選挙の結果について、当時の横越村資料から見てみよう。この頃の選挙は定数の半数を改選するもので、神田又一も議員として当選している。尤も、村長は選ばれた村会議員の互選によるもので、村議会において村長選挙が行われていた。この時の村会議員選挙で大町為作も当選しており、大町はその後も村会議員を続け、昭和二六年まで連続四〇年の長きにわたり、議員としてその任を果たした。さらに、昭和二六年から三〇年までの四年間、横越村長の要職を務めた。

神田又一の話にもどろう。好古が高田に在任していた、大正二年の一月から三月までの間の横越村の村長は神田又一だった。好古着任の一月二八日より六日前の、一月二二日に時の新潟県知事伊沢多喜男から横越村長に当選したことを認可されている。

前述のとおり伊沢知事は、神田村長に認可を与えた一〇日後に高田へ出張して、好古を表敬訪問した。その一週間後には好古を新潟へ招いて、鍋茶屋で招待会を開催している。この頃に、大町為作・神田又一・伊沢多喜男三氏の連携があり、好古へ揮毫依頼がなされたのではないか。その時の請願の文書は大町が文案を練り、神田村長を請願者代表にして、好古と旧知の伊沢知事に伝達を依頼したものと思われる。

当時の村会議員である大町は、地元の沢海でも遺族会長を務めたり、日枝神社総代の任に就いていて、忠魂碑建立に向けた賀表講の中心的な役割を担っていた。しかも同じ地元の斉藤源次郎が、奉天会戦の際に奉天郊外の田義屯において戦死しており、兄の助作が日露戦争の象徴的な二〇三高地で戦死したことから、国難に殉じた二人の兵士の為に、好古に揮毫を依頼したものと思われる。

三　秋山好古の実像

秋山将軍と三人の新潟県人副官

秋山好古が最も信頼した副官は豊辺新作《とよべしんさく》と言われている。

豊辺新作は越後・長岡の人で、文久三年（一八六三）生まれ、明治一〇年に幼年学校に入学し、同一三年に士官学校入学、同一五年に卒業して騎兵少尉となった。明治二七年日清戦争に従軍し、その後の日露戦争に従軍の際、秋山支隊の傘下のもと、豊辺支隊の支隊長として活躍をした。特に黒溝台の会戦ではロシアのおもな目標であった沈旦保を、信頼する豊辺に死守させて猛攻をしのいでいる。司馬遼太郎の『坂の上の雲』にはつぎの描写があります。
「秋山好古は、敵の正面に、いくつかの砦を出していたが、この状況下で最も重要なものが、黒溝台（種田大佐）と沈旦保（豊辺大佐）であった。欧米の兵学会では、この会戦を黒溝台会戦とはいわず、沈旦保会戦という。なぜならばこの同時期、沈旦保が黒溝台の種田以上に苛烈な敵の攻撃を受けつづけたにもかかわらず、最後まで守りとおし、日本側の押しかえしの支軸になったからである」「好古は後で、沈旦保はもう一人の日本兵も居なかろう、と何度思ったかわからない」と強調している。豊辺は奉天会戦で右足軟部に貫通銃創を受けた時も「弾は抜けたよ」と自分で傷口に包帯を巻き、野戦病院に行かなかったと語り継がれている。

つぎに二人目の新潟県人副官を見てみよう。建川美次《たてかわよしつぐ》である。

建川は明治一三年一〇月三日生まれで、昭和二〇年九月九日に亡くなっている。日露戦争当時の活躍は、山中峯太郎の「敵中横断三百里」の主人公として有名である。建川は新潟中学の第六回生で、野球部の創始者と言われていまる。軍人志望の建川は中学卒業後陸軍士官学校に合格し、士官候補生として金沢の騎兵第九連隊に入隊した。金沢の入隊時期は一二月であり、それまでは毎日、母校の野球部の指導に当たったと言われている。建川は明治三一年四月、頸城尋常中学校（後の高田中学、現高田高校）四年終了時に新潟中学へ転校してきて、五年生の時に野球に打ち込んだ。その建川が盛り上げた野球熱のお蔭で、新潟中学の野球部志望者が、急に増えたそうである。

明治三二年一一月三日、四日に、高田中学、長岡中学、新潟中学の三校による対抗戦が計画された。しかしその日は雨の影響で、予定通りの試合は行われなかった。この時、長岡中学には後の山本五十六が野球部のメンバーにいた。しかし高野少年（山本五十六）と建川美次少年の対戦はなかったのである。

建川は、金沢の騎兵第九連隊に入り、明治三七年暮れには、日露両軍が対峙した今の中国東北部の沙河にあって、秋山騎兵団に属していた。好古の命令を受けて、ロシア軍の動静、陣地の構築状況を調査する挺身斥候隊を編成し、ロシア軍の敵中突破を図りながら、その背後を回って敵情を詳しく探り、偵察結果を報告している。明治三八年一月九日から二月一日までの二三日間、一二〇〇キロメートルの斥候活動であり、まさに「敵中横断三〇〇里」の名に相応しい功績である。建川中尉を隊長とする斥候隊は計六騎であった。

建川は後に参謀本部作戦部長を務め、日本の運命が大きく暗転していく針路決定に関わっている。太平洋戦争開戦時には、駐ソ大使として昭和一六年四月一三日、松岡洋右《ようすけ》とともに、スターリンやモロトフとの間で「日ソ中立条約」に調印している。

三人目の副官は山内保次《やまのうちやすじ》です。

山内は、新潟中学、陸軍士官学校共に建川美次の一年後輩であった。山内は明治一四年七月一六日生まれ、昭和五〇年一一月一〇日に他界している。新潟中学時代は会津八一と同級生であった。新潟中学を卒業後、明治三五年陸軍士官学校を一四期生として卒業している。明治三七年四月に日露戦争に従軍し、秋山支隊に属して、大陸の各地を転戦した。

特に奉天会戦の前に、騎兵第十四連隊の小隊長として敵地深く偵察し、重要な情報をもたらしたとして、司令官から感状を授与された。山内を小隊長とする五騎の斥候隊は、建川隊より五日早い明治三八年一月四日に沈旦堡を出発している。一月一四日に霧に紛れて鉄嶺市街に接近し、ロシア騎兵とすれ違ったり、敵の歩兵の後ろに従ったりしながら、付近の敵陣地を偵察した。帰路は、往路とほぼ同じ道を戻り、一月二一日にやつれはてながら宿営地に帰り着いた。行程約一〇〇〇キロメートルでした。報告内容は建川隊とほぼ同じ内容で、奉天会戦に大きく貢献した。

新潟での山内について、北方文化博物館から貴重な情報が寄せられた。現在の北方文化博物館新潟分館はかつて、沢海の伊藤家五代文吉の四男、九郎太が分家したものである。昭和二〇年当時、新潟の伊藤家は、後に新潟大学学長となる伊藤辰治が当主であった。その当時の伊藤家は余裕住宅とみなされ、市の要請で二人の軍人を同居させていた。

広い家の東の部屋は暁部隊の部隊長渡辺少将に、西の部屋は新潟地区司令官の山内保次少将に提供していた。当主の伊藤辰治夫妻と子供たちは、中央部分に住んでいた。

伊藤九郎太は、建川美次と新潟中学の同級生であった。また弟の伊藤成治は山内保次や会津八一と同級生で、九郎太や建川の一級下の後輩だった。昭和二〇年四月、会津八一は東京大空襲で被災し、新潟県北蒲原郡中条町（現胎内市）の親戚の家に身を寄せた。新潟の飛行場に着いた時の歌が、「飛行場」と題する次の歌である。

都辺を　のがれ来れば　ねもごろに　潮うち寄する　ふるさとの浜

新潟地区司令官の山内は、伊藤辰治邸に昭和二〇年七月から、終戦後の一〇月まで住んでいた。この頃、会津八一は中条から出て来て、山内と交流を深めている。絵のうまい山内は「天涯」と号し、「秋艸道人」の会津八一とともに、主人の伊藤辰治を交えて楽しそうに語り合ったそうである。

ＮＨＫの「坂の上の雲」が放映されてから、山内家に保管されてきた水彩画五〇枚ほどが公開された。最初は、ＮＨＫの放送博物館において、平成二二年三月二四日から開かれた企画展であった。筆者は六月五日に観覧をしてきた。「日露戦争従軍騎兵将校の遺した水彩画」と題した展示で、当時二三歳の山内保次が満州で描いたものである。絵の多くは当時の満州の風俗や秋山騎兵団の様子が描かれていた。その後、山内保次の次男、山内保文氏から、新潟県立歴史博物館に寄託されたのを契機に、同館での展示があった。一一月一四日に参観をした。「秋山騎兵団の記録」と題した展示で、ＮＨＫの放送博物館とは一味違った展示の仕方であった。地元の新潟での閲覧であり、ゆっくりと鑑賞できた。

松山市の「秋山兄弟生誕地」にある秋山好古の騎馬像は、制作にあたって、山内保次がモデルになったそうである。その時のレプリカが東京の山内家に残されている。また、山内保文氏によれば、「私の父は日露戦争当時二三歳の少尉で、四四歳の秋山好古少将とは親子ほどの年齢差であったが、日露戦争末期には副官の一人に任じられた。いつも秋山さんを、立派な人だと敬愛していた。退役後は、陸軍騎兵学校の教官を務め、『日本馬術史』全四巻の編纂作業をライフワークにしていた。父は天涯の号で、馬の絵などを瞬く間に描いていた」と紹介している。

北方文化博物館新潟分館には、山内保次(天涯)の描いた馬の絵が残されている。

秋山好古揮毫石碑を訪ねて

仙波満夫

一　はじめに

秋山好古・真之兄弟生誕地整備事業については、全国の皆様からご賛同を頂き、平成一七年一月一八日に再建事業が完成し、この日ＮＨＫニュース番組「おはよう日本」で全国放送された。一月一九日から、「秋山兄弟生誕地」として一般公開し現在に至っている。

私は、開館当時から秋山兄弟生誕地研究員の一人として、主に秋山好古揮毫石碑調査を専任で行っている。現在までに、二人の観光に来られた方にお叱りを受けた苦い思い出がある。

一人は、東京生まれで、現在ドイツ在住の、気品のある中年女性であった。「松山の方は、正岡子規については

図１　秋山兄弟生誕地
（愛媛県松山市歩行町二丁目３番地６）

随分に顕彰されているが、なぜ秋山好古・真之兄弟の顕彰をしないのか腹立ちを感じていたが、やっと重い腰を上げた事を、昨日のNHKの放映で知り、ドイツに帰る前に駆けつけた。羽田発の一便で松山に到着し、タクシーに乗り、『秋山兄弟生誕地にお願いします』と告げると、なんと運転手さん、場所を知らないと言われた。松山の人は何やってるんですか。もっと勉強をしなさい」と叱咤された。

次に烈火のごとく怒られる出来事が起こった。平成一七年五月五日、大阪から来た観光客に「秋山好古に関する書き物が、重信町の神社にあると聞いて来た。その神社に行きたいので教えて欲しい」と聞かれた。生誕地は開館してまだ期間も浅く、そのような情報を持っていなかったので、後日連絡させて頂く旨をお伝えすると、「そんな事も知らんのか、バカタレが、わしは大阪から来たのだ、そんなに度々くる事など出来ない。そのくらい調べておけ」と…その時は私も少々怒りをおぼえた。所在を調べると、愛媛県東温市下林にある簗島神社とわかり、早速伺い宮司さんに尋ねると、拝殿にある社号額を好古が揮毫したことがわかった。その横に、黒溝台合戦の大きな絵馬も奉納されていた。

大阪の人はこの社号碑を見たかったのかと思った。

この事で私は秋山好古が揮毫した石碑の調査を行い、資料として保存し、何時でもご案内できるよう準備をしておこうと思い立った。そして平成二一年一月七日の秋山好古生誕一五〇年にあたり、記念の石碑写真集を刊行した。現在も全国各地から石碑の所在情報を得て、写真取材を継続し現在に至っている。

ここで一つ述べておくことがある。

秋山好古が揮毫した二基の石碑と扁額が、昭和二〇(一九四五)年八月一四日、ポツダム宣言を受諾し、同年一〇月二日、連合国軍最高司令部が設置され、最高司令長官に、マッカーサーが就任、日本の戦後処理が始まった。連合国最高司令部をＧＨＱと呼称した。

ＧＨＱは、色んな改革を行ったが、その中に教育改革が行われ、六・三・三・四年の学校制度の導入、教育勅語の廃止、その他多くの改革が行われた。

その一つに、教育施設内または、その周辺に軍人が揮毫した石碑・扁額等の撤去命令が発令された。ＧＨＱは忠魂碑・表忠碑等々は単なる慰霊碑でなく、国家主義や軍国主義的な意図を含むものとし撤去させたのである。

秋山好古揮毫石碑の中二基がこの時に一度撤去された。

戦後(昭和二七年四月二八日、サンフランシスコ講和条約発効、日本の主権が回復)、再び元の場所に設置、または場所を変え移設建立されたものがある。

その一つが愛媛県護国神社境内にある天壌無窮の石碑であり、もう一つは、愛媛県宇和島市吉田町の安楽寺にある石碑である。詳細は後で述べる事にする。

平成三〇年九月三〇日現在、五二基の石碑が発見され、全て取材完了している(表１)。

今から思えば、平成一七年五月三日、大阪の方の怒りの言葉がなかったら、好古揮毫石碑の調査はしていなかったのである。

これから主な石碑を紹介するが、一番古い石碑は、東京都世田谷区池尻四丁目の石碑で一番新しい

表1　秋山好古揮毫・記念碑所在一覧（平成三〇年九月三〇日現在）

番号	名称	所在地	碑文（題額・篆書）	建立年月日
1	児童遊園（見晴らし広場）	東京都世田谷区池尻四丁目二二番七号	征清之役戦死者哀悼碑	明治二九年六月三〇日
2	大久保商店街	千葉県習志野市大久保一丁目一七番一四号	天地無私	平成二一年五月一七日
3	陸上自衛隊習志野駐屯地	千葉県船橋市薬円台三丁目三番二〇号	軍馬忠霊之碑	昭和五年一一月
4	広川八幡神社	神奈川県平塚市広川	哀悼碑	明治三一年一〇日
5	内田家墓所	長野県安曇野市豊科	正四位　内田與作の墓	明治三五年一月一一日
6	履脱天満宮	松山市久保田五六番地	履脱天満宮	明治四四年六月
7	日枝神社	新潟県新潟市江南区沢海二丁目一五番三〇号	忠魂碑	大正二年七月
8	天満天神社	新潟県魚沼市堀之内竜光	戦役記念碑	大正三年八月
9	洞慶院	静岡県静岡市葵区羽鳥一八四〇番地	愛馬追悼碑	大正八年四月三日
10	荒神山	松山市高浜二丁目	摂政宮殿下特別大演習御野立場	大正一三年一月
11	千葉農園前	松山市祝谷三丁目五番地一	石槌神社遥拝所	大正一三年甲子五月
12	五色濱神社	伊予市灘町三〇九番地	藤谷豊城翁顕彰碑	大正一三年一〇月
13	安楽寺	宇和島市吉田町河内甲三七一番地	忠魂碑	大正一三年一一月
14	天満神社	北宇和郡松野町蕨生甲一番地	忠魂碑	大正一四年四月
15	大鶴鵜神社	伊予市大平曽根一二七八番地	大鶴鵜神社	大正一四年一〇月吉日
16	松前城跡	伊予郡松前町筒井	松前城碑	大正一四年一〇月
17	素鵞神社	伊予郡松前町中川原木下五〇七番地	耕地整理記念之碑	大正一四年一〇月
18	両新田神社	松山市河中町二九五番地	両新田神社	大正一四年
19	和霊神社・鎮守社	松山市安城寺一二九三番地二	歆之　斯神	大正一五年丙寅七月
20	両社明神社	今治市宮窪町余所国	忠魂碑	大正一五年吉祥日
21	西方山　泉永寺	松山市和泉北三丁目二－三	追遠記念碑	昭和二年八月
22	一宮　神社	西予市城川町魚成二〇八一番地	啓蒙養正　積慶重暉	昭和二年一〇月二日
23	和気二丁目海岸	松山市和気二丁目	伊豫十二景之碑　和気濱	昭和二年一〇月
24	山之内薬師堂	今治市大西町山之内小山	衆心和暢化乃成	昭和三年一月
25	正八幡神社	松山市窪野町北谷甲一〇九八番地	作善降之百祥　不善降之百殃	昭和三年四月
26	日切山　弘福寺	西条市三芳一四一五番地	貞婦　渡邊スエ女　表彰碑	昭和三年一〇月

27	三嶋神社	伊予市中山町佐礼谷甲一四五六番地	忠魂碑	昭和三年一一月三日
28	道後公園東グランド	松山市道後公園	御大典奉祝記念	昭和三年一一月
29	雄郡神社	松山市小栗三丁目三番一九号	忠魂碑	昭和三年一一月
30	雄郡神社	松山市小栗三丁目三番一九号	照　明	昭和三年一一月
31	姫ヶ浜	松山市中島町長師	忠魂碑	昭和三年一一月
32	大宮神社	松山市上野町甲五一番地	郷社　大宮八幡神社	昭和三年一一月
33	総東風　神社	東温市山之内六三〇番地	忠魂碑	昭和三年一一月
34	揚神社	東温市北方揚一七〇二番地	御大典記念	昭和三年一一月
35	宮窪中村祝詞場	今治市宮窪町宮窪甲四六五四番地	忠魂碑	昭和三年一一月（平成二一年一〇月修復）
36	三社神社	上浮穴郡久万高原町中組一八四五番地	御大典記念	昭和三年一一月
37	高野井公園	西予市城川高野子二八一番地	忠魂碑	昭和三年一一月
38	覺王寺	八幡浜市松柏丙六五七番地	御大典記念碑	昭和三年一一月
39	八幡若宮神社	松山市玉谷町甲三二五番地	八幡若宮神社	昭和三年一二月
40	恵依彌二名神社	伊予郡松前町出作三〇四番地	恵依彌二名神社	昭和三年御大典記念
41	護国神社	松山市御幸一丁目四七六番地	天壌無窮	昭和三年御大典・清水小学校開校記念
42	三嶋神社	大洲市長浜町戒川甲二四五番地一	三嶋神社	昭和三年御大典記念
43	伊曾能神社	伊予市宮下二〇〇七番地	伊曾能神社	昭和三年
44	大西　宏和氏邸宅内	伊予郡松前町北川原三四七番地	米壽記念	昭和四年三月
45	岩堰橋・袂	松山市石手一丁目二番	藤岡翁　頌功碑	昭和四年五月
46	瀛津神社	新居浜市高津町一三番二二号	忠魂碑	昭和四年一〇月
47	笛ヶ滝公園	上浮穴郡久万高原町久万	忠魂碑	昭和四年一一月
48	常石山	西条市丹原町得能	贈正四位　得能通綱　忠魂碑	昭和五年
49	厳島神社	松山市神田町一番七号	表忠碑	記載なし
50	築島神社	東温市下林甲二六一六番地	築島神社	記載なし
51	野々宮八幡宮	今治市大三島町野々江甲六五三六番地	招魂碑	記載なし
52	道野辺八幡神社	千葉県鎌ケ谷市道野中央五丁目六番一〇号	哀悼碑	不明

註：鎌ケ谷市、八幡神社にある哀悼碑は、三つに割れており再建立検討中である。

石碑は、千葉県習志野市大久保の石碑である。

二　好古揮毫事始

さて、これから石碑調査の結果について紹介していく。

まずは、好古が揮毫をするようになったきっかけからはじめよう。

好古は揮毫嫌いであったが、大正一四（一九二五）年、新田長次郎の招きで、元総理大臣清浦奎吾《きようらけいご》が来松し、滞在は僅か二日間であった。各所の視察、歓迎会、講演会等々昼夜を問わず多忙で、筆を取る時間などなかったが、松山の諸方から揮毫を頼まれていた。

二日目の早朝に、道後の旅館に滞在している清浦奎吾を好古が訪ねてみると、一生懸命に、依頼された揮毫をひたすら書いている姿を見た。好古は、新田長次郎に対し、「長さんそんなに年寄りを責めたらいかんぞな」と言った。長さん曰く「信さん清浦伯は、日本の清浦伯ですよ、だから揮毫を請う者が多くあり、今朝など朝四時から起きて、厭な顔もせず書いておられます。信さんも今は日本の秋山大将です。人は一代、名は末代と言いますから、家宝とするため揮毫を依頼する人には、書いてやって貰いたいものですな」と好古を口説いた。

「なるほど長さん分かったよ、これから俺も書くよ」と言ったので、新田長次郎は、大阪に帰ると早速画仙紙一反と、大きな硯と筆を、松山の好古に送った。翌年の春、新田長次郎が再び松山で好古に合った時、「長さん、今年は正月からもう数百枚も書いて方々へ送ったよ」と言った。

図２　清浦圭吾来松時の写真（左から秋山好古、清浦圭吾、新田長次郎）
（写真提供：秋山兄弟生誕地）

以後好古に揮毫依頼が多くなったが、約束の期日は決して遅らせなかった。以上が揮毫のきっかけである。

清浦奎吾来松の本来の目的は、大正一二年松山高等商業学校（現・松山大学）の開校式出席であったが、急な所用で出席できず、来松は大正一四年になったのである。大正一二年であれば好古は北予中学校長として松山には赴任しておらず、清浦奎吾と会っていないので、揮毫などしてなかっただろう。

秋山好古は、上記の様に新田長次郎からの勧めで揮毫し始めたので、大正一四年以降に揮毫した石碑が殆どで、それ以前に揮毫した石碑は一一基だけであり、よほどの深い関係者からの依頼があっての揮毫である。当時好古の揮毫嫌いは有名であったが、その理由は不明である。

現在発見されている五二基の石碑のうち、最後に発見された長野県安曇野市豊科の内田與作騎兵隊員の墓石には「正八位　内田與作墓」と揮毫されている。

三　石碑取材紀行

秋山好古の簡単な軍歴

石碑の紹介の前に、石碑期の建立と絡めて秋山好古の軍歴を簡単にまとめておく。

明治一二年一二月二三日　陸軍士官学校騎兵科を卒業し、陸軍騎兵少尉となる。
明治一六年二月二八日　陸軍騎兵中尉となる。
明治一九年六月二日　陸軍騎兵大尉となる。
明治二五年一一月一日　陸軍騎兵少佐となる。
明治二八年五月一〇日　陸軍騎兵中佐となる。好古が揮毫した初めての石碑「世田谷の哀悼碑」建立。
明治三〇年一〇月一一日　陸軍騎兵大佐となる。神奈川県平塚市の石碑建立。
明治三五年六月二一日　陸軍騎兵少将となる。長野県安曇野市豊科石碑建立。
明治三六年六月　千葉県習志野薬円台に移転する。
明治三八年六月一九日　母貞習志野薬円台にて逝去する。
明治四二年八月一日　陸軍騎兵中将となる。

大正五年一一月一六日　陸軍騎兵大将となる。
大正一二年四月三〇日　元帥を辞退、特旨を以て従二位を授かる、翌年四月北豫中学校長就任。
大正一四年四月一日　後備役、昭和四年月一日、退役。この時代以降、進んで揮毫を始めた。
昭和五年三月三一日　北豫中学校長辞任、同年一一月四日、東京の陸軍軍医学校病院にて逝去、七二歳であった。陸上自衛隊習志野駐屯地の「軍馬慰霊之碑」は昭和五年一〇月五日の筆で、絶筆となった。

東京都世田谷区池尻四丁目　日清戦争騎兵隊戦没者の哀悼碑

一．碑　　文：征清之役戦死者哀悼碑
二．所 在 地：東京都世田谷区池尻四丁目「官有地」児童遊園（見晴らし広場）
三．揮 毫 者：騎兵第一連隊長　秋山好古
四．建 立 者：騎兵第一連隊長　秋山好古
五．建立年月日：明治二九年六月三〇日
六．碑石大きさ：高さ一メートル一四センチ、横幅一メートル七一センチ、厚さ八センチ
七．調 査 日：平成一八年一〇月六日

この石碑は現在発見されている中で一番古い石碑で、明治二九年六月三〇日に建立された。揮毫はもちろん、建立者も秋山好古自身で、現在全国に建立されている好古揮毫の石碑の原点となる碑で、

図３　日清戦争騎兵隊戦没者哀悼碑

図４　石碑裏面

日清戦争で戦死した部下の哀悼の碑である。

石碑裏面には、騎兵第一連隊長秋山好古が名誉の戦死をした隊員一五人の名前、階級、戦死した場所、年月日を刻んでいる。

この石碑の建立地は国有地で、土地は財務省関東財務局が管理している。ここに秋山好古が勝手に建立したもので、国は関知していないと言っている。

現在は世田谷区役所に管理をさせているとの事で、区役所に連絡をした。

実はこの石碑は、文字の刻印が浅く、写真を撮っても文字を写し撮る事が難しく、文字に墨を入れ、浮きださせて撮る必要があった。区役所にこの事をお願いすると、担当職員立会いのもとが条件となった。指定された日時は、平成一八年一〇月六日午前一〇時に現地集合であった。この日は朝から大雨で、文字の墨入れは難儀をした。石碑にビニールを被せて作業を行ったが、幸運にも写真撮影時は雨が止んだ。区役所職員ともども、今がシャッターチャンスと慌てて撮った。撮り終わると、また雨が降り出した。「雨がやんだのは好古さんのご加護ですよ」皆がそう言った。

石碑裏面には下記の事項が刻まれている。

陸軍騎兵少尉　山口毅夫　明治二十八年二月十三日　於廣島陸軍豫備病院
陸軍騎兵曹長　吉田四郎　明治二十八年二月八日　於老爺廟
豫備陸軍騎兵一等軍曹　藤堂立　明治二十七年十一月十七日於龍　戦死
陸軍騎兵一等軍曹　渡邉武松　明治二十八年二月八日　於二道河戦死
陸軍騎兵一等卒　西澤三十　明治二十八年二月二十四日　於太平山戦死
陸軍騎兵一等卒　根本由之助　明治二十八年二月八日　於高刋戦死
陸軍騎兵一等卒　羽毛田安太郎　明治二十八年二月八日年　於老爺廟戦死
陸軍騎兵一等卒　添田賢次郎　明治二十八年二月八日　於二道河戦死
陸軍騎兵一等卒　内田與作　明治二十八年二月八日　於二道河戦死
陸軍騎兵一等卒　新井斧三郎　明治二十七年十一月十九日　於龍口戦
豫備陸軍騎兵一等卒　小野田勝三郎　明治二十七年十一月十九日　於龍口戦
陸軍騎兵一等卒　飯尾金彌　明治二十七年十一月十八日　於土城子
陸軍騎兵一等卒　芝﨑章　明治二十八年二月二十二日　於聶家堡子戦死

豫備陸軍騎兵一等卒　加瀬音吉　明治二十七年十二月三十日　於蘇家屯病死
陸軍騎兵一等卒　蕪木夘八　明治二十八年一月三十一日　於朱家旬子戦死

裏面の戦死者名の中程に、陸軍騎兵一等卒添田賢二郎と陸軍騎兵一等卒内田與作の名前が刻まれている。

この二名の石碑が添田賢二郎出身地の神奈川県平塚市と、内田與作の出身地の長野県安曇野市に建立されているので後で述べることにする。内田與作の長野県安曇野市の石碑は平成二八年五月三一日に取材を行った一番新しく発見された石碑で、これ以降秋山好古揮毫の石碑は発見されていない。

神奈川県平塚市の広川神社　添田賢二郎顕彰碑

一．篆　　額：義烈
二．碑　　文：鐵馬奮闘　蹴雪衝風　斃而後止　惟義惟忠
三．所 在 地：神奈川県平塚市広川　広川八幡神社
四．揮 毫 者：陸軍騎兵大佐　秋山好古
五．建 立 者：添田保吉（賢次郎の実父）
六．建立年月日：明治三一年一〇月吉日
七．碑石大きさ：高さ一メートル七〇センチ、横幅一メートル二三センチ、厚さ二四センチ

八．調　査　日：平成二四年五月二三日

添田賢次郎は、神奈川県大住郡金目村字広川（現・平塚市広川）で保吉の長男として生まれた。明治二六年一二月第一師団騎兵第一大隊第二中隊に入隊し、その後騎兵一等卒に進み馬術・銃鎗の技を修め本隊に属し戦地に赴く。斥候の任務に服し蓋平の戦いにおいて勇ましく戦い、二道溝栄口に敵を迎え撃つも激戦の末名誉な戦死をした。

御国より戦功を追償し、金若干を賜りまた別に遺族を扶助する金を賜る。添田保吉は、息子の名誉な戦死を添田家の後世に伝えるため秋山好古に揮毫を依頼し石碑を建立した。

現在、好古揮毫の石碑は全国に五二基発見されているが、名誉な戦死をした優秀な騎兵隊員について漢詩で撰文した石碑は二基のみである（一基は千葉県道野辺神社に三分割され数十年年間眠っている）。よっ

図５　秋山好古が漢詩で撰文した添田賢次郎招魂碑

図６

図７　添田賢次郎招魂碑、篆書「義烈」

て、建立されているのはこの石碑のみである。

石碑の情報提供者は、添田保吉から四代目に当たる、吉則氏の妻添田敬子氏が、平成二四年四月一八日に、遠路はるばる神奈川県平塚市から秋山兄弟生誕地に石碑に関する資料を持参してお越しになり判明した。本石碑は、五二基中二番目に古い貴重な石碑である。

添田家現在の当主・添田吉則氏の妻、添田敬子氏は放送大学の卒業論文として、「日清戦争における戦没兵士遺族の行動と心情」とした論文を平成二四年一〇月に書いている。

この様なことを鑑みると、この石碑が発見され、好古が哀悼の意を篭めて東京都世田谷区池尻四丁目に建立した思いが、一一六年経過したいま実ったのである。「たかが石碑、されども石碑」である。取材する中痛感した。

長野県安曇野市豊科　内田與作の墓石

一．題　　標：正八位　内田與作墓（墓標・竿石・お題目）石塔
二．所 在 地：長野県安曇野市豊科
三．揮 毫 者：陸軍騎兵大佐　秋山好古
四．撰 並 書：陸軍騎兵大尉　稲垣三郎
五．建 立 者：内田與作の実父（内田茂市）
六．建立年月日：明治三五年一月一一日

七．墓石大きさ：高さ九八センチ、横幅三九・五センチ、厚さ三八・五センチ
八．調　査　日：平成二八年五月三一日

内田與作騎兵隊隊員は、長野県南安曇野郡高家村（現・安曇野市豊科）で内田茂市の長男として生まれた。明治二五年一二月一日第一師団騎兵第一大隊に入隊し、その後添田賢次郎とともに本隊に属し戦地に赴く。蓋平の戦いにおいて添田と同じ任務中、激戦の末に名誉ある戦死をした。

内田茂市は、息子の名誉な戦死を内田家の後世に伝えるため秋山好古に揮毫を依頼し墓を建立した。現在判明している、好古揮毫の石碑五二基のうち、名誉ある戦死をした優秀な騎兵隊員について墓石に揮毫したのはこれのみである。

お墓の情報提供者は、神奈川県平塚市の添田敬子氏で、東京世田谷区に秋山好古が建立した「日清戦

図8　秋山好古が墓石に揮毫したのは内田與作のもののみである

図9

争で名誉な戦死をした優秀な騎兵隊員の哀悼碑」裏面の騎兵隊員一五名中に、内田與作の名前もある。

今も内田家によって管理されている石塔であるが、このたび縁あって紹介させていただいたことで、好古が哀悼の意を篭めて世田谷に建立した思いが一一〇年経過した後、点が線となって長野県安曇野市に繋がったのである。

秋山好古の妻、多美子は昭和二五年二月一二日、長野県安曇野市豊科で、好古の次男、次郎宅で他界した（明治四年一一月八日生まれ。享年七九）。内田與作の墓所から僅か三キロメートルの近くである事が今回の取材で判明した。

以上の石碑三基は、日清戦争時代の碑で明治時代に建立された石碑である。

次に紹介する石碑からは日露戦争時代の石碑で、好古が揮毫嫌いであった大正一四年以前の碑、特別な方の依頼者から揮毫した貴重な石碑五基である。

新潟県新潟市江南区沢海　忠魂碑

一．碑　　名：忠魂碑
二．所 在 地：新潟県新潟市江南区沢海二丁目一五番三〇号　日枝神社
三．揮 毫 者：陸軍中将　　秋山好古
四．建 立 者：賀表講
五．建立年月日：大正二年七月

六．碑石大きさ：高さ二メートル七〇センチ、横幅一メートル四八センチ、厚さ四二センチ
七．調　査　日：平成二二年三月一七日

新潟県横越村出身の大町助作一等兵は明治三七年九月二〇日、旅順港を見下ろす二〇三高地奪取の戦いで、露軍が敷いた鉄條網を切断中に戦死した。同じ村出身の斉藤源次郎上等兵も戦死した。大日本帝国海軍が、旅順港にいるロシア艦隊の戦力を低下させるために、陸軍に攻撃を要請し、無理な要塞攻撃から多数の戦死者を出した戦いであった。

図10　新潟市市民文化遺産に認定された忠魂碑

横越村では明治三七年一二月三日、戦死者を弔う村葬が厳粛に行われたが、当時の村長神田又一は、「賀表講」の会員とともに忠魂碑を建立し、戦死者の慰霊を後世に託すことにした。

忠魂碑の揮毫は、神田村長らが伊澤新潟県知事を介して、当時新潟県高田市に駐屯していた第一三師団長、秋山好古中将に依頼したところ、好古は伊澤知事を「私の郷里愛媛県で財政を立て直した有能な知事なので、新潟県でもいい仕事をすると思いますと」新潟県民に紹介したうえで、揮毫した。

平成二一年一一月六日、新潟県新潟市江南区沢海の日枝神社境内で秋山好古揮毫石碑が発見され、新潟県に石碑が建立されていたとは、と秋山兄弟生誕地関係者の間に驚きと歓声が交差

した。

日本海唯一の石碑発見でＮＨＫ松山放送局は新潟市に取材に行き全国に放映した。また、新潟日報新聞も大きく報じた。

発見以降、忠魂碑の前で住民が慰霊祭を毎年おこない、現在も続いている。

新潟市は、平成二六年四月新潟市民文化遺産制定の際、この忠魂碑を新潟市市民文化遺産に認定した。同郷出身の戦死者を弔う暖かい気持ちが、行政を動かしたのである。

なお、市民文化遺産を制定している自治体は京都市・岩手県遠野市・新潟市の三市のみだが、今後他の自治体にも拡大が予想される。

新潟市民文化遺産認定に際して、大変努力された方がおられる。それは、北方文化博物館の神田勝郎館長である。この事については、新潟日報新聞、愛媛新聞も大きく報道した。

新潟県魚沼市竜光　戦役記念碑

一．碑　　　文：戦役記念
二．所　在　地：新潟県魚沼市堀之内竜光　天満天神社
三．揮　毫　者：陸軍中将　秋山好古
四．建　立　者：日露戦線に従軍した二三名の有志
五．建立年月日：大正三年八月

図 12　石碑裏面には従軍した23 名の名前が刻まれている

図 11　戦役記念碑

六．碑石大きさ：高さ一メートル五五センチ、
　　横幅七〇センチ、厚さ四八センチ
七．調　査　日：平成二三年六月一〇日

明治三七・三八年、魚沼市堀之内竜光地区出身で日露戦争に従軍した二三名の有志の方々が、大正三年八月秋山好古に揮毫を依頼して、従軍した記念として「戦役記念」碑を建立した。平成二一年一一月六日、新潟県新潟市江南区沢海日枝神社境内に秋山好古揮毫石碑が発見された。日本海唯一の石碑発見としてＮＨＫ松山放送局も新潟市に取材に行き全国に放映し、平成二二年五月一九日、新潟日報新聞にも報じたことについては前項の通りである。

その後、平成二三年五月五日、新潟県柏崎市在住の柴野亮氏から、新潟県魚沼市堀之内竜光にある天満神社境内に好古揮毫の石碑が存在すると、写真を添えた書簡が秋山兄弟生誕地に届

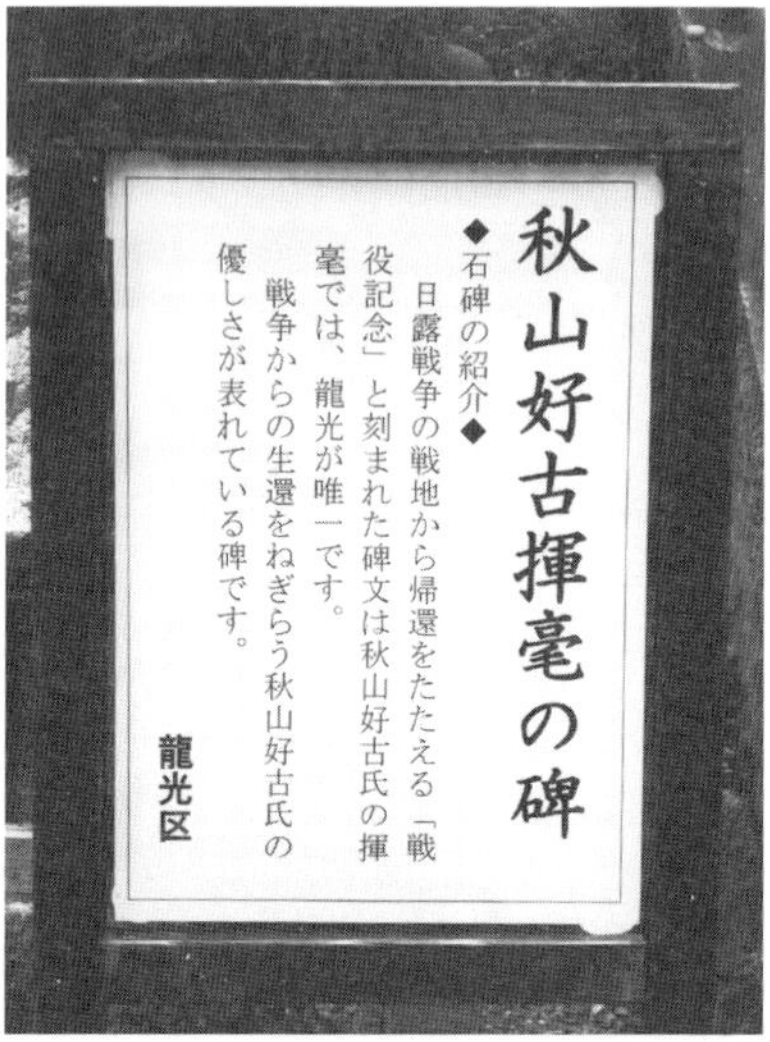

図 13　取材後設置された秋山好古揮毫の石碑の説明版（平成 23 年 9 月 25 日）
（撮影者：新潟県柏崎市、柴野　亮氏）

いた。奇しくも筆者が好古揮毫の石碑を専任で調査を開始する切っ掛けとなった出来事があった平成一七年五月五日から六年目の事である。

さて、石碑は柴野氏が平成一六年九月一一日に発見したそうだが、同年一〇月二三日に中越大地震が発生した。もしかすると石碑は倒壊しているかもしれないので調査確認して下さいと付記されていた。早速、新潟市の北方文化博物館佐藤統括室長（現・専務理事）と、元横越コミュニティ協議会会長（現・北方文化博物館館長）神田勝郎氏に調査を依頼した。その結果中越大地震で倒壊したが、平成二〇年八月に全国から頂いた義援金の一部で再建立して保存されていると速報が届いた。早速同年六月一〇日、現地取材に行った。

現地では松山市から取材に来るということで、魚沼市役所職員さん、魚沼市ケーブルテレビ、新潟日報新聞記者、地元の方々の大歓迎を受け感動した。松山と新潟とは江戸時代から不思議なご縁がある。江戸時代、伊予松山藩初代藩主、加藤嘉明から四代目の明英《あきひで》の弟政親《まさちか》が沢海藩四代目藩主として沢海の溝口家に養子入りしている。そして秋山好古が大正二年、第一三師団長として新潟県高田に駐屯、そしてこの時期に愛媛県知事、伊澤多喜男氏が新潟県知事に転任、好古は伊澤知事を愛媛県での実績を高く評価して新潟県民に紹介している。また昭和五年信濃川の洪水を防ぎ住民の被害を助けた内務官僚（土木技師）宮本武之輔は松山市出身であり、最近では松山市の歌「この街で」の作曲者、新井満氏は新潟市出身である。

取材が終わった後、魚沼市役所の職員さんは、この石碑がそんな立派な石碑とは知らなかった。後日、説明版を設置しますと言われた。その後、実際に設置された（図20）。

中将時代の揮毫石碑は、新潟県新潟市、魚沼市にある石碑だけである。

愛媛県松山市護国神社　天壌無窮の石碑

一．碑　　　文：天壌無窮
二．所　在　地：松山市御幸一丁目四七六番地　愛媛県護国神社
三．揮　毫　者：陸軍大将　秋山好古
四．建　立　者：裏面に建立者二〇数名の先生記載殆ど判読困難
　　再　建　立　者：愛媛県護国神社　波爾　荘宮司
五．建立年月日：昭和三年　御大典・松山市清水小学校開校記念
　　再建立年月日：平成七年一〇月吉日
六．碑石大きさ：高さ一メートル三五センチ、横幅一メートル一〇センチ、厚さ三五センチ

図 14　天壌無窮の石碑

図 15　昭和３年清水小学校開校記念と御大典記念に清水小学校校庭に建立された「天壌無窮」の石碑である（写真提供：福島泰弘氏）

七．調　査　日：平成一七年七月一四日

昭和三年清水小学校開校及び昭和天皇即位の大礼を記念して二〇数名の教師が拠金して建立した。昭和二〇年一一月米・英軍が松山に進駐し、ＧＨＱの命令により碑石は撤去された。同校の用具室に保管されていたものを、平成七年一〇月に当時の渡部校長の許可を得て愛媛県護国神社、波爾《はに》荘《さかえ》宮司の努力で同神社境内に再建立した。碑石が割れているのは、撤去作業時に破損したものである。秋山好古は、当時北豫中学校長在任中であり揮毫依頼を受けたものである。

なお、拠金建立した教師たちの名前が碑石裏面に刻印してあったが、摩耗して見えない。

記念碑撤去は、昭和一六年三月、国民学校令の「皇国ノ道ニ則リテ初等普通教育ヲ施シ国民ノ基礎的練成ヲ為スヲ以テ目的トス」（第一条）に書かれた、「皇国ノ道」が「天壌無窮ノ皇運ヲ扶翼スル道」と結びつけられたせいだという。天壌無窮の碑が校庭にある事が進駐軍の遺憾とするところとされ、司令長官命令で撤去された。

愛媛県宇和島市吉田町安楽寺　忠魂碑

一．碑　　文：忠魂碑
二．所 在 地：宇和島市吉田町河内甲三七一番地　安楽寺
三．揮 毫 者：陸軍大将　秋山好古
四．建 立 者：記載無し
五．建立年月日：大正一三年一一月
六．碑石大きさ：高さ一メートル五六センチ、横幅八二センチ、厚さ二一センチ
七．調 査 日：平成二一年一二月六日

平成二一年一二月に発見された、宇和島市吉田町河内の安楽寺にある「忠魂碑」は大正一三年に建立された。当時の建立場所は、小学校の校庭内であった。

図16　忠魂碑

終戦後の昭和二〇年一一月、ＧＨＱの命令で石碑が撤去されことになったが、安楽寺の住職が危険もかえりみず「私が罪を被るから、わが寺に引き取り私の命に代えてでも保存する」と宣言して以来、安楽寺がこの忠魂碑を守ってきた。

安楽寺は、宇和島市吉田町出身で山下汽船（現・商船三井）の創業者である山下亀三郎の本家と親戚同様の付き合いがあった。山下亀三郎は、秋山真之が「日本は中国との貿易を活発にしなければならない」と話すのを聞いて汽船会社を創業し、大成功した。真之は、箱根にいた山県有朋を訪ねるために、亀三郎の箱根の別荘に滞在していたが、そこで持病の盲腸炎が悪化し腹膜炎を併発して大正七年二月四日、亀三郎らに見守られながら四九歳で死去した。「好古にこの忠魂碑の揮毫を依頼したのは、亀三郎さんですか」と、安楽寺住職の奥様に聞くと「そうでしょうね」と答え、さらに「現代の人々はこの時代のことなど関心がなくなりましたね。ＮＨＫで坂の上の雲が放映されるので、時代を振り返り、良いものはどしどし取り入れて立派な国づくりの一助になればいいですね」と述べられた。

千葉県習志野市陸上自衛隊習志野駐屯地　軍馬慰霊の石碑

一．碑　　　文：軍馬慰霊之碑忠魂碑
二．所　在　地：千葉県船橋市薬円台三丁目二〇番一号　陸上自衛隊習志野駐屯地・第一空挺団内
三．揮　毫　者：陸軍大将　秋山好古
四．建　立　者：記載無し
五．建立年月日：昭和五年一一月
六．碑石大きさ：高さ三メートル一七センチ、幅九一センチ
七．調　査　日：平成一七年九月一〇日

図 17　秋山好古の絶筆となった記念碑

陸軍騎兵学校の前身である陸軍乗馬学校は、明治二一年東京市麹町区元衛町に創立、明治二四年に東京府荏原郡目黒村上目黒（現在の目黒区大橋二丁目）に移転、明治三一年陸軍騎兵実施学校となり大正五年一二月千葉県千葉郡二宮町（現・船橋市薬円台三丁目）に移転、翌六年九月陸軍騎兵校と改称された。習志野は、日本騎兵の中枢だったため軍馬慰霊碑が騎兵学校に建立された。日本騎兵の父と言われた第二代騎兵学校長・秋山好古大将の揮毫である。

図18　陸上自衛隊習志野駐屯地・第一空挺団内にある「軍馬慰霊之碑」秋山好古の署名である

図19　昭和11年11月1日秋山好古大将伝記刊行会発行の「秋山好古」

題字は秋山好古の入院直前、昭和五年一〇月五日の筆で、これが絶筆となった。昭和一一年一一月一日秋山好古大将伝記刊行会から「秋山好古」が発行された。その背文字は、石碑の署名を写したものである。

千葉県習志野市大久保　秋山好古顕彰碑

一．碑　　文：天地無私（天地に「私」、すなはち、不公平は無い。人は皆平等だから努力をすれば善い人生がおくれる）

二．所　在　地：千葉県習志野市大久保一丁目一七番一四号
学園大久保商店街　薬師寺前（三橋秀紀住職）

三．揮　　毫：秋山好古
四．書の出所：好古嫡孫・秋山哲兒氏
五．建　立　者：習志野市大久保　学園大久保商店街（三橋正文理事長）
六．建立年月日：平成二一年五月一七日
七．石碑大きさ：高さ一メートル二〇センチ、横幅一メートル二〇センチ、厚さ一二センチ
八．調　査　日：平成二一年五月一七日、習志野市大久保商店街の除幕式にて

騎兵第一旅団は明治三四年一二月、習志野に創設された。

好古は明治三六年四月二日、四四歳で陸軍少将として第二代騎兵第一旅団長に就任。同年六月、母・貞や家族とともに習志野の官舎に移った。明治三七年二月、日露戦争が勃発すると、好古は四月九日に同旅団長として習志野から出陣。満州（現在の中国東北部）各地で敵の情報収集や後方撹乱など騎兵の近代的戦法を駆使して戦った。とくに、黒溝台では、当時世界最強といわれたロシア・コサック騎兵団が、数十倍の兵力で日本軍の好古騎兵団を襲撃。これに対し、好古は騎兵同士の戦いは不利と判断し、陣地を急造して機関砲を用いて応戦した。この意外な反撃にコサック騎兵は戦死者を多数出して退却した。この好古の柔軟な発想と、不利な条件の下で全滅を覚悟しながら戦線を持ちこたえた騎兵軍団の勇敢な戦いぶりが、日本軍の大きな危機を救った。

「日本騎兵に秋山あり」と世界的に名をとどろかせ、また「騎兵の町、習志野」も有名になる発端になった。

図20　平成21年5月17日に建立された秋山好古顕彰碑

図21　森田千葉県知事を迎えて除幕式

しかし、好古は戦後、この時の武勇談をせがまれても「機関砲があったからよ」と答えるだけで質問者を困らせた。戦争で多くの部下を失ったことに、もっとも心を痛めていた好古にとって、武勇談などは頭の片隅にもなかったのだろう。

明治三八年九月に日露講和条約が締結されると、翌三九年二月、好古は歴戦の痕跡を残す連隊旗と共に習志野大久保に凱旋したが、母は前年の六月一九日に亡くなっていた。戦地で「母死す」の知らせを受けた好古は、めったに入らぬ風呂で身体を清め「母上は　散りにけり山桜」と詠んだ。松山の知人には、「母上は、真之の活躍を伝える電報を持って父上に会いに行かれた。この面白さを知るのはあなた様くらいです」と手紙を書いた。

平成の今、習志野大久保商店街の方々の熱意で好古の石碑が建てられ、毎日多くの大学生や地元の人が石碑の前を通っている。この石碑を見て当時の歴史に触れ、より良い世の中を築いていくれればいいと思う。

石碑は、軍馬をかたどった形で赤色の花崗岩で、秋山好古の写真がはめ込まれ、下部に好古揮毫の「天地無私」が彫られている。好古揮毫の出所は秋山宗家第一〇代秋山哲兒氏からである。
平成二一年五月一七日、習志野市大久保商店街・除幕式時に現地取材

千葉県鎌ヶ谷市道野辺八幡神社境内に眠る碑

道野辺八幡神社境内の奥深い所に三分割され保管されている織戸家石碑。
石碑は長さが約一・八メートルで厚さは薄く、三分割されて境内に眠っている。
なお石は、宮城県仙台市の産で石質は非常に柔らかいそうだ。

一．碑　　　文：征馬振鬣　深入険土　一死鴻毛　躬冒弾雨　貞珉勒功　永抑其武
二．所　在　地：千葉県鎌ヶ谷市道野辺中央五丁目六番一〇号　道野辺神社
三．揮　毫　者：陸軍少将　秋山好古
四．建　立　者：織戸　家
五．建立年月日：不明
六．碑石大きさ：高さ　計測なし、横幅　計測なし、厚さ　計測なし
七．調　査　日：平成二三年六月一三日
揮毫した秋山好古の当時の階級は、陸軍少将、正五位勲二等であった。好古は、日清戦争で名誉あ

図 22　織戸家にあった撤去前の石碑
（写真提供：習志野騎兵連隊史跡保存会会長・三橋正文氏）

図 23　取材当時の石碑

る戦死をした騎兵隊員、織戸騎兵伍長の勇士ぶりを讃え最高の意を漢詩で表現し書き上げた（全国で四番目に古い好古揮毫の石碑であり、漢詩で揮毫した石碑は二基しかない）。

碑文の読み・意味は八千代市立郷土博物館の主任学芸員佐藤氏にご教示頂いた。

征馬振鬣　深入険土　一死鴻毛　躬冒弾雨　貞珉勒功　永抑其武

読み：せいばたてがみをふるい、ふかくけんどにいる。
いっしはこうもうたり、みづからだんうをおかすていびんにこうをろくし、ながくそのぶをあおぐ。

意味：軍馬はたてがみを振るわせて、敵のふところ深く進撃する。

自分の命を鳥の羽よりも軽んじて、自ら弾雨の中を突き進んでいく。

この石碑にこの功績を刻み、永遠にその武勲を仰ぐ。

筆者は、平成二三年六月一三日に再建立のお願いに同神社を訪問し、北山秀彦宮司にお目に掛かり強く再建立についてお願いをした。

北山宮司は、石碑の再建立をするために石工に石碑に穴を開け鉄柱を入れ込む工法を相談したが、石質がもろく適用できず思案していたところ、ステンレス製の枠を造りそれに入れ込む工法で再建立する事を考案したので、必ず再建立いたします、とお約束を頂いた。除幕式も行う予定でおりますのでその時には必ず連絡しますとも言って頂いた。

そして石碑の傍に説明版を設置して後世に伝えていきたいと北山宮司は付け加えられた。その時は、必ず取材に伺いますので宜しくお願いしますとお伝えし、境内奥深い所に三分割され保管されている石碑の写真を撮らせて頂き、道野辺神社を後にした。

それから八年近くが経過したが、何か重大な事が発覚し再建立が出来ない事情が起こったのか未だ再建立されていないのは残念である。

愛媛県上浮穴郡久万高原町　三社神社の石碑

一．碑　　　文：御大典記念（昭和天皇の即位記念）
二．所　在　地：上浮穴郡久万高原町中組　　三社神社「注連石」
三．揮　毫　者：陸軍大将　秋山好古
四．建　立　者：不明
五．建立年月日：昭和三年一一月
六．石碑大きさ：高さ三メートル七〇センチ、表幅四二センチ、横幅三六センチ
七．石碑の由来：不明
八．石碑の材質：コンリート

秋山好古が揮毫した石碑は現在、全国に五二基が発見されているが、その直筆の原稿は一枚も残っていませんでした。しかし、平成二七年七月一六日に上浮穴郡久万高原町中組の三社神社で、全国初となる直筆原稿が発見された。好古に揮毫を依頼した同神社先々代の小野義直宮司が、直筆原稿を軸物にして保管していたのを、現宮司の小野哲也氏が発見したのである。筆者は、発見の知らせを受けて、小野宮司の許可を得て複製し、平成二八年一月一一日開催の「秋山好古生誕一五七年祭」で披露し、現在は秋山兄弟生誕地にて展示している。

よく見ると、石工が石に刻印する作業に必要とされる鉛筆でなぞった個所がある。

図 24

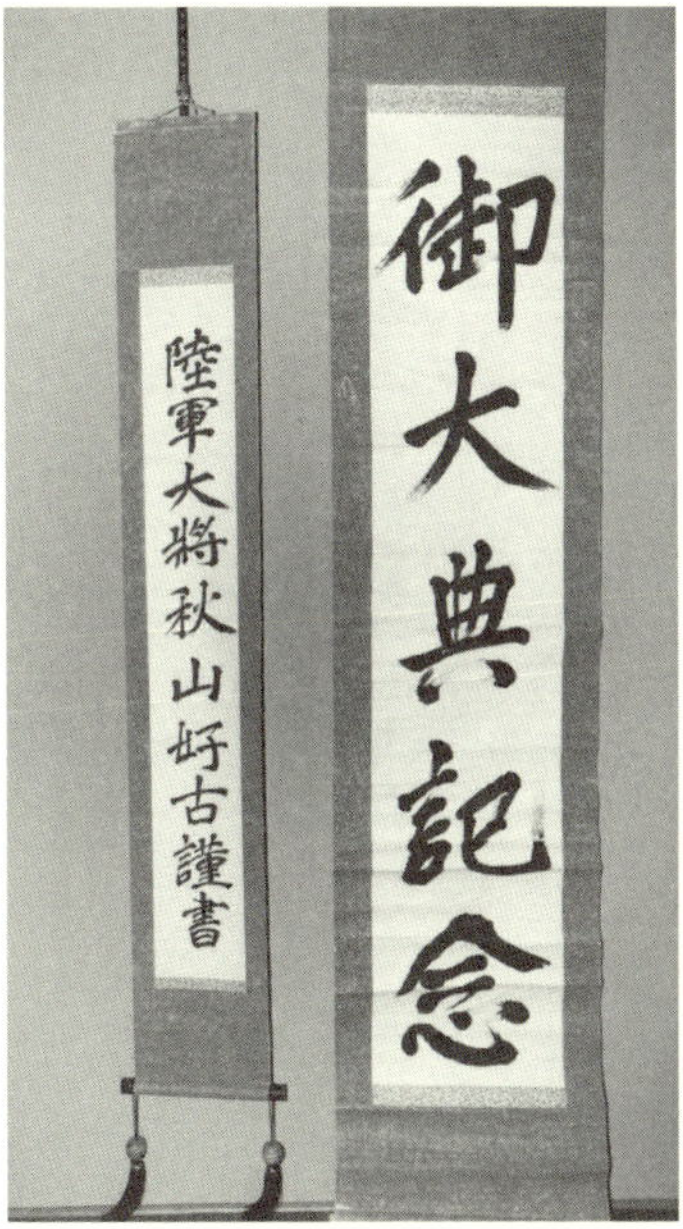

図 25　全国で初めて発見された秋山好古が揮毫した直筆原稿

「本稿掲載以外の秋山好古揮毫の石碑をご存じの方はご一報ください」

秋山好古揮毫石碑は平成二八年五月三一日に長野県安曇野市で発見されたのを最後に、その後発見されておりません。現在五二基が発見されております（石碑一覧表をご参照ください）。これ以外の石碑をご存じでしたら是非ご連絡ください。

〒七九〇―〇八〇一　松山市歩行町二丁目三番地六、秋山兄弟生誕地、秋山好古揮毫石碑先任調査員、仙波満夫
ＴＥＬ＆ＦＡＸ：〇八九―九四三―二七四七
Email：jr5eek@mbc.ocn.ne.jp

秋山好古と「高島秋帆」

山岸良二

一　高島秋帆の西洋砲術を開拓

幕末のペリー来航以前から、日本近海には多くの欧米船舶が接近し、幕府に対して開国と通商を要求するようになっていた。文政六(一八二三)年来日したオランダ出島商館医シーボルトは、幕府側の長崎奉行を通じてロシア、アメリカ、イギリスなどの日本への強硬的な通商要求の可能性を示唆した。このため、幕府は文政八年「異国船打ち払い令」(無二念打ち払い令、接近してきた異国船は容赦なく打ち払う)を出し、主要港湾部の防備も増強した。

シーボルト自身は文政一一年いわゆる「シーボルト事件」を惹起して国外追放となったが、予見通り天保八(一八三七)年アメリカ船モリソン号が浦賀に「漂流民送還」「開国要求」で来航したものの、沿岸警備番が先の法令に基づき撃退する事件が起こった。この対応に対して、シーボルトの弟子にあたる高野長英や渡辺崋山らが幕府を批判する事件も起こり、日本近海は混沌としてきた。

天保一三年隣国の清がアヘン戦争で英国に大敗したという情報が日本にも伝えられた。長崎会所調役であった高島秋帆(一七九八～一八六六)は、出島のオランダ人から早い段階から「西洋式砲術」を学んで「高島流砲術」を完成していたが、このアヘン戦争の結果を踏まえて幕府に『天保上書』を提出して、強力な西洋砲術に対抗する必要性を上訴した。

二　高島秋帆の徳丸原における砲術訓練

幕府はこの上訴をうけ、天保一二年六月武蔵国徳丸ケ原において、高島の「火術御見分（西洋式砲術訓練）」をみとめ実行させた。この時、高島が訓練の本陣を置いたのが、名刹萬吉山宝持寺松月院であった（図1、2）。当日は約一〇〇名の部下を使い、八種類の洋式砲を使ったが、大砲の標的までの距離は約八〇〇メートルと四〇〇メートルであった。これを実見した幕府の首脳陣および在京の諸大名連は、西洋式砲術の必要性を認識し、高島の元に江川英龍らを入門させ、接近する欧米勢力に対する近代砲術の準備を急ぐ一方、従来の対外方針を変更し天保一三年「薪水給与令」を出し、従来の打ち払い方針から穏やかに薪水食糧などを給与して退避させる方針へと舵をきった。

図１　松月院正面

図２　砲術訓練絵巻

高島は後に阿部正弘から「火技之中興洋兵之開祖」を号することを認められた。

三　松月院境内に建立された砲術訓練記念碑

高島の砲術訓練から約八〇年たった大正一一（一九二二）年一二月六日、当時の有栖川宮家を筆頭に伏見宮、閑院宮、東久邇宮など一三宮家が主体となって、松月院境内に「高島秋帆砲術訓練記念碑」が建立された（図3）。

この記念碑は「火技中興洋兵開祖碑」と銘記され、高さ四メートルの洋式砲をモチーフに周囲を砲弾で囲んだもので、横に二〇一六年板橋区が設置した登録文化財「高島秋帆先生紀功碑」の説明板が立てられいる。さらに、同境内にある「松宝閣（宝物館）」には「松月院と高島秋帆」コーナーが設置されており、そこに記念碑建立当日の記念集合写真が掲示されている（図4、5）。

四　教育総監秋山好古の参列

集合写真の前列には、宮家、高島家、松月院の関係者が並び、第二列中央部に当時教育総監であった秋山好古の雄姿を認めることができる。秋山は日露戦争後、陸軍中将として大正二年新潟高田第十三師団長に親補され、ついで大正四年には近衛師団長に着任している。そして、大正九年には陸軍大将教育総監兼軍事参事官に補任されている。教育総監は陸軍参謀総長、陸軍大臣と並ぶ「陸軍三官」の一席である。それほどの高位に就いた秋山が、このような全軍的な行事に列席しているのは、自然である一方、近代軍制を考えた上で自分が近代騎兵育成を意図したように、近代洋式砲術に貢献した高島秋帆の業績に心底より賛意をもったのかと思われる。

最後になるが、本稿執筆に当たっては守屋幸一氏（板橋区教育委員会）の貴重なご教示と、松月院様の御好意をいただいた。厚く御礼申し上げる。

図３　高島記念碑

図４　松宝閣

図５　記念碑集合写真

第4章　習志野
歴史スケッチいろいろ

皇室と習志野原

佐藤　誠

一　習志野原と天皇との関わり

皇室とは、天皇とその一族（皇族）をいう。習志野原と皇室との初めての関わりは、明治六（一八七三）年四月二九日に、江戸幕府の小金牧《こがねまき》の一部であった大和田原（小金原、正伯原《しょうはくはら》とも）で、明治天皇が近衛兵の演習を統監されたことに始まる（図1）。皇居のある東京からも近く、「一望千里」と謳われたその原は、演習には好適な場所であった。お供には明治天皇の信望厚い、近衛都督《ととく》の西郷隆盛がいた。西

図1　習志野之原演習天覧
（聖徳記念絵画館蔵）

図2　習志野原にて明治天皇が野営した天幕

図3　御宸筆

郷はこの演習の後、朝鮮をめぐる征韓論で盟友大久保利通と袂を分かち、下野《げや》して鹿児島へ帰ってしまうため、最初で最後の供奉《ぐぶ》となった。

　昭和八（一九三三）年に刊行された『皇室皇族聖鑑』によれば、その日は暴風雨となり、明治天皇は天幕を張り野営したが（図2）、近臣が雨に濡れた衣服の着替えを天皇に伺ったところ、ただ一言、「兵士達も着替えるか」とのみ言われ、着替えようとはしなかったという。後日、明治天皇自ら「習志野ノ原」と記された御宸筆を残したとされ、現在、宮内庁が所蔵している（図3）。御宸筆には添え書きが残されており、そこには以下のように記されている。「明治六年第五月十三日徳大寺宮内卿ヲ以テ陸軍少将篠原國幹ヲ被為召下総國千葉郡之内原之地ヲ習志野ノ原改称陸軍調練場ト被相定候旨別紙御筆ヲ以テ御渡相成候事」この記述によれば、後日、明治天皇は宮内卿を介して篠原少将を呼んで「習志野ノ原」と命名した御宸筆を渡し、陸軍調練場（練兵場）に正式に定めたとされる。

　これ以降、明治天皇は度々習志野原での演習を統監することになる。『明治天皇紀』及び『明治天皇御遺跡』によれば、明治七、一〇、一一、一三、一四、四五年に各一度、八、九、一五年には各二度、習志野原へ行幸したという。通常、二泊三日の日程であったが、三泊四日の日程の場合、下志津（四街道市）の射撃場まで足を伸ばすこともあった。宿泊や休息は、大和田（八千代市）の大澤小十郎邸や、船橋の山口丈吉邸、薬園台の宍倉七右衛門邸などを利用した。共に地元の名士であり、それぞれの家では天皇が宿泊や休息をするのに家人の使うものでは畏れ多いとし、門や湯殿（風呂）、厠（トイレ）などを新築して天皇を迎えた。また、屋敷の外から覗くことができないよう、生垣は屋根の付いた板塀に作り替えたという。家族は天皇が宿泊の間は蔵で過ごしたと伝わる。天皇の食事は宮内省付の料理人が同行し、鍋釜や銀食器に至るまで宮内省で用意したが、洗い物だけは宿泊先で済ませたようである。また、お供の役人は隣接する家々に泊まった。天皇の宿泊先となった八千代市大和田の大澤家跡には、「明治天皇行在之所《あんざいのところ》」と彫られた記念碑が建っている（図４）。

　行幸の際は、地元役場でも天皇の馬車が通る成田街道（国道二九六号線）を整備し、馬小屋を建てるなどして、町を挙げて万全の態勢を整えた。その功により大和田町には、後に宮内省より金一封が下賜されている。

図４　明治天皇記念碑
（八千代市大和田）

　習志野原に明治天皇が初めて野営したという場所には、大正六年になって陸軍大将山縣有朋の揮毫による「明治天皇駐蹕之処《ちゅうひつのところ》」と刻まれた記念碑が建てられた。記念碑建立の場所の選定は、大正二（一九一三）年に県の指示により、滝台の林流之助村長が地元の古老の意見などを参考に「明治天皇御野立所《おのだちじょ》」と記した木標を立てた場所が選ばれた。現在その場所は習志野台の住宅地となり、碑もすでに船橋市郷土資料館の敷地に移設されている。成田街道の北側にあった広大な練兵場はほとんどが宅地となり、南側の一部が自衛隊の演習場として、かろうじて残っているというのが現状である。筆者の母校でもある船橋市立薬園台小学校の校歌には、「御幸台から昇る日の――」で始まる校歌が今も歌い継がれており、この御幸台とは、明治天皇が野営した場所を指している。

また、大正六年に騎兵学校に行幸した大正天皇が、騎兵演習を統監した場所に記念の松が植樹された。現在、その場所は習志野四丁目の工場敷地内となっているが、大正天皇御野立所跡の記念碑がある。昭和天皇も皇太子時代の大正一二年に同じ場所に行啓し、騎兵第二旅団の演習を観閲している。

陸軍の練兵場である一方で、明治一四年四月には、習志野原は宮内省の御猟場《おかりば》にも編入され、その土地の一部でウサギや雉を飼育し、毎年冬には宮内省より職員が派遣されて猟が行われた。明治二四年には主猟局が宮内省内に置かれると、地元の有力者を監守に任じて習志野原での密猟を取り締まらせた。当時、皇太子であった大正天皇も、猟のため習志野原にしばしば行啓したようである。また、外国の要人をもてなす接待の場としても、習志野原で狩猟が行われた。

以上のように、習志野原と皇室との関係の始まりは、軍に関わるものと、狩猟に関わるものとに分けられよう。

二　騎兵旅団と皇室との関わり

前述のように、明治の始めから陸軍の練兵場として利用されてきた習志野原であるが、明治三四（一九〇一）年には、戦闘を主眼とする本格的な騎兵旅団が、習志野原に隣接する大久保（習志野市）に置かれた。それまでの騎兵は師団の中の一部隊として、連絡や斥候等の任務を主としていたが、習志野の騎兵旅団は、戦闘集団としての騎兵の育成が強く求められて誕生した部隊であった。明治維新後、日本が世界の一等国として認められるために軍備を強化し、当時「東洋の眠れる獅子」といわれた大国の清との戦争（一八九四～一八九五年）にも勝利した。

図５　騎兵学校校長時代の好古

その結果、朝鮮や中国の遼東半島などに日本の力が及ぶようになった。このような情勢の中で、同じように中国の利権を巡って対立を深めていたロシアと対峙することになる。当時世界一の騎兵といわれたロシアのコサック騎兵と渡り合うための日本の騎兵の育成は、重要な課題となっていたのである。その騎兵育成を任された人物が「日本騎兵の父」と称された秋山好古なのであった（図５）。

大久保には二つの騎兵旅団と、陸軍病院（衛戍《えいじゅ》病

図６　軍旗祭に興じる十三連隊内務班の兵士たち

院）等が置かれた。旅団のトップは少将で、旅団は二つの連隊からなり、連隊長は大佐が務めた。連隊は三大隊から組織され、大隊長は少佐が就いた。大隊の下には三中隊が置かれた。中隊長は大尉が務め、通常の兵営内での編成はここまでとなる。従って軍曹や伍長などの下士官や、兵士達にとって一番身近な軍隊の単位は中隊であった。「中隊は軍における家族であり、父親が中隊長、母親が班長（下士官）」と言われるのはその所以である。兵士達の日常生活、日々の教育訓練や演習、寝食に至るまでを「内務」といい、その最小編成を内務班といった（図6）。騎兵連隊には天皇から親授された軍旗があり、これは連隊のシンボルであり、すべての将兵の心の拠り所であった。親授された記念日には「軍旗祭」が催された。将兵には酒やご馳走が振る舞われ、仮装した兵による余興が行われ、地元市民にも開放されて大いに賑わったという。

また、旅団が置かれた大久保は、駐屯する地域の徴兵事務、在郷軍人として市民生活を送る予備役の教育や、地域の治安維持に関しても責任を持っていたことから、その所在地を「衛戍地《えいじゅち》」と称した。その結果、明治の終わりには練兵場の中心地であった薬園台から大久保へと、軍郷の中心は移っていくことになった。明治前半の地図上で確認できた薬園台近辺に点在していた第一営から第七営までの茅葺きの仮兵舎は、大正期の地図上からは完全に姿を消していることからも、その中心が大久保に移っていったことがわかる。

騎兵は陸軍の様々な兵科の中でも、中世からの騎士道に基づきエリート集団と目されていた。当時、男子の皇族は明治天皇の思し召しにより、必ず海軍か陸軍の軍人にならなければいけなかった。このことは明治四三（一九一〇）年に施行された皇族身位令によって明文化され、「親王、王ハ満十八年ニ達シタル後、特別ノ事由アル場合ヲ除クノ外、陸軍又ハ海軍ノ武官ニ任ズ」と定められた。男子皇族が陸軍と海軍のどちらに入るかは、軍の中枢部の意向が大きく働くことが多かった。

図７　騎兵第十五連隊正門と歩哨

大正天皇の第四皇子である三笠宮殿下の話によれば、兄宮であった秩父宮は海軍、高松宮は陸軍を希望されていたが、最終的には秩父宮が陸軍、高松宮が海軍となった。特に高松宮は船酔いをされることから陸軍を希望していたが、その希望は叶わなかった。三笠宮殿下は、学習院時代から乗馬に親しんでいたこともあり、陸軍騎兵の道を歩むことになった。

大久保に置かれた二つの騎兵旅団の内、皇族を迎えていたのが、騎兵第二旅団であった。騎兵第二旅団は、騎兵第十五連隊、十六連隊からなり、皇族旅団長として初めて着任したのが、閑院宮載仁親王《かんいんのみやことひとしんのう》であった。載仁親王はフランスへ留学して、秋山好古と同じサン・シール陸軍士官学校、騎兵学校、そして陸軍大学を卒業した。帰国後、参謀本部に勤務の後、騎兵少将となり、習志野の騎兵第二旅団長となった。載仁親王は、日露戦争時（一九〇四～一九〇五年）には、満州軍総司令部付となり、秋山好古と共に参戦し、奉天南方の沙河会戦での奮戦が知られている。

次に騎兵旅団に関係した皇族を紹介する。

閑院宮載仁親王《かんいんのみやことひとしんのう》

明治三四年一一月三日～三七年九月二〇日の間騎兵第二旅団長を努める。

明治五年、伏見宮家から閑院宮家へ。フランスへ留学し、サン・シール陸軍士官学校・騎兵学校・陸軍大学を卒業。帰国後、参謀本部を経て騎兵旅団長。大正元年陸軍大将、同八年元帥。昭和六年陸軍参謀総長。昭和二〇年薨去。

閑院宮春仁王《かんいんのみやはるひとおう》

昭和七年一二月七日～九年七月三一日の間騎兵第十六連隊中隊長を努める。載仁親王第二王子。

神奈川県立小田原中学校を経て、陸軍士官学校へ進む。陸軍大学校卒。騎兵第十六連隊中隊長、陸軍大学校兵学教官等を経て陸軍少将。終戦後は皇籍を離れ、閑院純仁《かんいんすみひと》と改名。実業家として活躍し、昭和六三年逝去。

三笠宮崇仁親王《みかさのみやたかひとしんのう》

大正天皇第四皇子　昭和天皇弟宮《おとうとのみや》

昭和一〇年、三笠宮の宮号を賜る。学習院初等科・中等科を経て陸軍士官学校へ進む。戦後は、東京大学文学部で学び、古代オリエント文明の研究者として活躍。東京女子大や青山学院大等で教鞭をとる。日本オリエント学会会長、日本レクリエーション協会総裁等を歴任。平成二八年一〇月二七日に百歳で薨去。

昭和九年　四月　士官候補生（騎兵第十五連隊附として、上等兵・伍長・軍曹の職務の訓練を受ける）

昭和一一年六月　見習士官（曹長の階級で騎兵第十五連隊附）

昭和一一年一〇月　任陸軍騎兵少尉
昭和一二年一〇月　陸軍騎兵学校入校（通信学生）
昭和一二年一二月　任中尉
昭和一三年二月　騎兵学校修業　帰隊　旅団通信教官
昭和一三年八月　騎兵第十五連隊中隊長職務心得
陸軍大学校卒。支那派遣軍総司令部、航空総軍参謀等を経て終戦時は陸軍少佐。

賀陽宮《かやのみや》恒憲王《つねのりおう》

昭和一一年一二月一日～一二年一一月一日の間第十六連隊　連隊長を努める。
昭和一五年一二月一日～一六年六月三〇日の間騎兵第一旅団長を努める。
伊勢神宮祭主賀陽宮邦憲王《くにのりおう》第一王子
陸軍大学校卒。騎兵第二旅団長、師団長、陸軍大学校長等を歴任。陸軍中将。戦後、皇籍を離れる。宮内庁御歌所所長、日清生命社友会会長等を務める。野球への造詣が深く「野球の宮様」とも称された。昭和五三年逝去。

図９　騎兵少尉任官時の三笠宮

図８　皇族将校の住居となった御仮邸
（習志野市大久保）

三　大久保の御仮邸

騎兵旅団では、皇族将校の住居として、実籾《みもみ》街道沿いの大久保一九〇番地にある洋風の民家を借り上げることになり、ここを仮の宮邸ということで、御仮邸《おかりてい》と呼んだ。建物の周囲には麦畑が広がっており、ヒバリがさえずり、麦畑越しに京成電車が走るのが見える、実にのどかな場所であったという（図８）。

御仮邸は車寄せのある二階建ての建物で、門前には警護の巡査が常駐し、御仮邸の前を通り過ぎる地元の人は、皆、会釈して通っていったという。ここから宮様方は徒歩もしくは愛馬にまたがり連隊まで出勤した。

この御仮邸に住まわれた皇族としては、閑院宮春仁王、三笠宮崇仁親王、賀陽宮恒憲王がいる。戦後、御仮邸は一般の方の住まいとして大切にされていたが、平成一八年に老朽化により取り壊され、現在その跡地は、アパートになっている。

三笠宮殿下のお話しによれば、士官候補生として上等兵で入隊した当時は、十五連隊の兵舎に寝泊まりしていたが、少尉任官後は兵舎から出て、昭和一一年に御仮邸に移られたという(図9)。御仮邸には、お付きの武官や料理人など男女数名がいて、宮様のお世話をしていた。

当時、他の騎兵連隊の将校達は、勤務が終わると船橋の割烹旅館、三田浜楽園に繰り出すことが多かったようであるが、三笠宮殿下は、お直宮《じきのみや》(天皇のお子様)であったため、万が一のことがあってはいけないと、なかなか声を掛けてもらえなかったと、少し残念そうに話される姿が印象に残った。

また士官候補生の時分は、海に近い久々田《くぐた》に建つ、ハイカラな洋館を御休所《ごきゅうしょ》として借り上げ、休日はそちらで過ごされたという。

四　騎兵実施学校と皇族

騎兵旅団の設置後、軍郷としての機能が大久保に集約されるようなると、それまで演習時の食料調達や軍属としての地元民の雇用等で、軍の恩恵を受けていた薬園台の人達は大打撃を受けた。この事態を何とかしようと、区長らが中心となって国へ陳情書を提出するなどした結果、大正五年に目黒にあった騎兵実施学校を、薬園台に移転させることに成功した。騎兵実施学校は、全国の各連隊から派遣された少尉から中尉クラスの将校に、高度な馬術の指導をするために設立された学校で、二代目校長には、当時騎兵中佐であった秋山好古が任命されている。このようにして、大正期には騎兵に関係する機関が薬園台にも置かれるようになり、大久保・薬園台一帯は、日本騎兵のメッカの様相を呈した。

騎兵の演習を天皇が天覧するために建てられた御馬見所《ごばけんじょ》は、騎兵学校移転と共に目黒から薬園台の地に移築された。天覧以外では、皇族の宿泊場所としても利用されたようである。御馬見所は、現在も習志野自衛隊の空挺館として保存され、内部は資料館として活用されている。習志野原の陸軍関係の建築物としては、現存する最古のものであり、明治期の近代洋風建築史上においても重要な建築物である（図10）。騎兵実施学校は薬園台に移転して後、陸軍騎兵学校と改名し、多くの優秀な騎兵将校を輩出した。騎兵学校に在学した皇族としては、三笠宮崇仁親王、閑院宮春仁王、竹田宮恒徳王《たけだのみやつねよしおう》らがいるが、戦後、竹田宮は、日本オリンピック委員会委員長などを務め、スポーツの分野で活躍されている。三笠宮は澄宮《すみのみや》と呼ばれた学習院時代から、騎兵学校で開かれる乗馬大会には必ず出席していた。その時は外国の大使館付き武官、将校と下士官の家族、御用商人などが招待され、一般の人たちもその日は自由に見物できた。津田沼の鉄道第二連隊から大久保に敷設された軽便《けいべん》鉄道が騎兵学校の傍らまで延長され、招待客を運んでいたという。覆馬場《おいばば》と呼ばれる天井の高い

図10　大正５年に目黒より移築した御馬見所（現・空挺館）

図11　愛馬と障害物を越える訓練をする三笠宮

屋内練習場があり、曲芸のような高等馬術がそこで披露された。その時の感動を、幼い澄宮は次のような詩に残している。

おうまは　たいそう　かしこくて
むちを　あてれば　すぐはねる

また、障害馬術は野外の営庭で行われた。現在の自衛隊の落下傘降下塔の広場がそれにあたる。障害は高跳びのように、バーが渡された障害物を人馬一体となって跳び越していった(図11)。

昭和四年には、イギリス国王エドワード八世の伯父にあたるグロスター公殿下が来日した際に、騎兵学校に来校されている。グロスター公は本国の軽騎兵連隊の将校を務めた経験があることから、騎兵学校へ視察に来たようである。また昭和七年の満洲国建国後は、当時、陸軍歩兵学校に在籍していた満州国皇帝溥儀の弟、溥傑《ふけつ》も、騎兵学校で学んでいた。

図12　ロス五輪で入場行進する日本の馬術チーム

皇族ではないが、騎兵学校で学んだ男爵の爵位を持つバロン西こと西竹一中尉は、昭和七年に開催されたロサンゼルス五輪で、日本人初の馬術の金メダリストとなった(図12)。その際に西は、当時のロサンゼルス市長より、その輝かしい功績に対して名誉市民証を贈られている。西が騎兵学校で学んでいた当初、薬園台の成田街道沿いにあった商家「中三好」の三山家に下宿していたこともあったという。「中三好」は、軍に食料品などを納めており、二階を将校下宿として大正時代から貸していた。後に西は、船橋の宮本にあった地元の有力者の別邸であった「山﨑別荘」（凌雲荘）に下宿し、愛馬や愛車のパッカードで成田街道を騎兵学校まで通い、木戸少佐、遊佐《ゆざ》大佐を師として馬術の訓練に励んだという。「山﨑別荘」の跡地は現在、東船橋緑地として整備され、当時の面影を伝えている。

当時、成田街道の路肩は、馬が通ることを考慮して未舗装になっており、沿道の子ども達は、騎兵学校に通う馬上の西中尉に行き会うとお辞儀したといい、西は成田街道沿道の人々にとって身近な存在であった。西が五輪で金メダルを取ったときなど、薬園台の人たちは特に誇らしく思ったという。現在では、西といえば映画「硫黄島からの手紙」に登場する、硫黄島の戦車第二十六連隊長西竹一中佐として記憶される方も多いのではないか。アジア太平洋戦争末期、硫黄島に着任した西は、

図 13　平成 22 年まで現存した騎兵学校の厩舎（習志野自衛隊）

図 14　柏井橋梁敷設のために鉄橋を運ぶ鉄道連隊の貨車

その時の良き相棒として共に活躍した愛馬ウラヌスのたてがみをいつもポケットに忍ばせていたという。硫黄島の守備隊が玉砕し、西がついに帰らぬ人となった後に、ウラヌスも主人の後を追うように亡くなっている。

また、西の上官として共に散った硫黄島守備隊司令官の栗林忠道中将も、かつて騎兵第一、第二旅団の旅団長を務めていた人物で習志野との所縁も深い。

騎兵学校の乗馬大会の際に招待客を運んだ軽便鉄道であるが、ＪＲ津田沼駅に隣接する千葉工業大学の敷地には、かつて鉄道連隊が置かれていた。鉄道連隊は、中国大陸や東南アジアにおいて、鉄道を使って日本軍の進攻を支援するために置かれた部隊である。津田沼を起点とする軽便鉄道は騎兵連隊や騎兵学校にも線路が延長されており、当時、習志野原をぬけて四街道や千葉市椿森方面を結んでいた。現在も花見川に架かる当時のコンクリート製橋脚の一部や、千葉公園内にはトンネル等が残されている。現在の八千代市高津付近には停留所があったといい、戦時以外では一般の住民も乗せてくれることがあったらしい。また、現在津田沼から松戸まで運行している新京成線も、かつて八柱まで延びていた訓練線の跡を利用して作られた鉄道である。

五　騎兵の終焉

このように騎兵の華として栄えた習志野騎兵であったが、大正期に勃発した第一次世界大戦以降、戦車や航空機が登場したことにより、騎兵の機械化が徐々に進められ、馬は戦車や装甲車に取って代わられるようになった（図15）。騎兵学校も昭和の二ケタともなると馬術の訓練はめっきり姿を消し、通信等の実務訓練が中心となった。三笠宮も昭和一二年に通信学生として騎兵学校に在籍しており、成田街道で通信用の電線を背負って訓練する姿を見た住民もいたという。

アジア太平洋戦争の始まる昭和一六年には騎兵第二旅団が、一七年には騎兵第一旅団が事実上姿を消し、明治三四年の騎兵旅団設置以降、皇族と共に歩んできた習志野騎兵の歴史も、四〇年余りでついに幕を閉じたのである。

図15　雪の習志野原を進む戦車
（昭和初期）

六　三笠宮と習志野原

明治から昭和にかけて習志野原と皇族方の関わりを、様々な角度から見つめてみた。皇族方の中でも特に習志野原に深い関わりを持たれているのが、三笠宮崇仁親王殿下であろう。殿下は昭和九年三月から昭和一四年一二月までのおよそ五年間、習志野の騎兵第十五連隊に勤務した（図16・17）。士官候補生として連隊附となった殿下は、上等兵から始まり、下士官を経験の後、陸軍士官学校本科を卒業し、見習士官を経て、少尉から中尉に進まれている。少尉任官後は、兵舎から大久保の御仮邸に住まいを移したこともあり、地元の人々の殿下に対する敬愛の念も殊に深く、殿下を誇りに思う住民が

図 16　愛馬の世話をする三笠宮

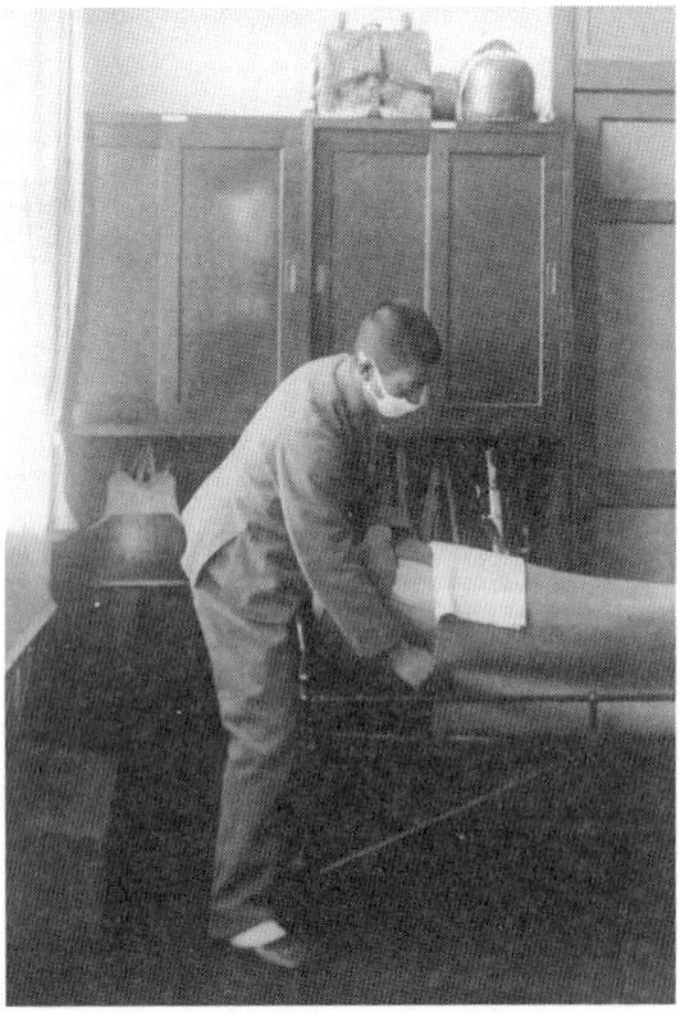

図 17　兵舎で自身の寝台を整える三笠宮

多かった。そのような中で陸軍士官学校から帰隊される時や、谷津の海で愛馬と共に海を渡る水馬《すいば》演習を行った時などには、地元の新聞にも大きく取り上げられた（図18）。

殿下に当時の習志野原の思い出を伺ったところ、「この地方は、お嫁には漬物石を持っていくというほど、石が少なかったらしいですね。大雨が降ると泥濘になるし、晴天が続いた時に部隊で行進するとものすごい土埃でした。馬は夜でも見えるので、細い畦道でも馬に任せておけば大丈夫ですが、土埃だと人も馬も見えません。このような時は、馬が道路の側溝に落ちることさえありました」と語られた。殿下のこの証言は、砂塵吹き荒れる当時の習志野原のイメージをよく表している。

殿下は、昭和一四年一二月に陸軍大学校入校と共に、この習志野の地を去ることとなる。「習志野で過ごした五年間が最も楽しい時代だった。」と後に殿下は回想されている。陸軍大学校卒業後には、支那派遣軍総司令部参謀として中国に渡り、内地に戻って大本営陸軍参謀となり、終戦時には航空総軍参謀であった。

戦後、習志野原では食糧難を解消するために農地開拓が行われたが、一部が進駐軍によって射撃場用地となり、それが現在の自衛隊演習場となっている。騎兵学校は進駐軍（キャンプパーマー）駐屯地として使用され、その後、保安隊、自衛隊習志野駐屯地として引き継がれている。また、アジア太平洋戦争が激化した昭和一八年に薬園台に創設された、下士官養成所である東部軍教育隊の跡地は、現在の薬園台高校、薬園台小学校などになっている。農地開拓には、東部軍教育隊や陸軍習志野学校の元軍人が開拓団として従事していたこともあり、殿下は入植した軍人を慰問したり、個人宅

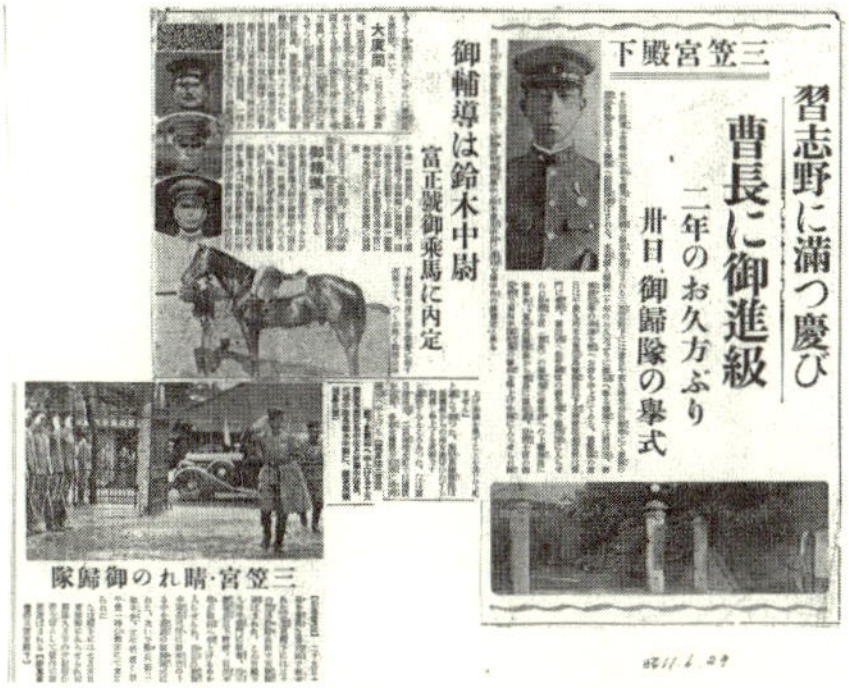
三笠宮殿下
習志野に滿つ慶び
曹長に御進級
二年のお久方ぶり
卅日、御歸隊の擧式
御輔導は鈴木中尉
富正號御乘馬に内定
三笠宮・晴れの御歸隊

図 18　昭和 11 年 6 月 29 日の新聞記事
見習士官としての帰隊を報じる

図 19　戦後、開拓団の石崎申之元大佐
を訪ねた三笠宮（画面中央）

となった元の御仮邸や自衛隊空挺館となった御馬見所を度々訪問している(図19)。

おわりに

現在、習志野・船橋・八千代・千葉の各市に接する習志野原は、この地域と日本の近現代史を語る上で、非常に重要なエリアとなっている。近年、千葉県でも館山や市川、印西などでアジア太平洋戦争当時の戦争遺跡が見直されているが、習志野原もこのような戦争遺跡としての性質を持っていると言える。

しかし、軍馬を育成する古代の牧の時代から始まって、徳川将軍の狩り場、陸軍の練兵場、そして終戦を経て、進駐軍のキャンプパーマー、開拓団の農場、自衛隊の演習場と大きく変化してきた習志野原の歴史は、実に奥が深い。

皇室と習志野原の関わりを見るだけでも、明治・大正の各時代の天皇が演習を統監するため行幸し、親王、王といった皇族も部隊の指揮官や教官となって勤務するだけではなく、地元の御仮邸に住まう皇族もいたのである。その点においては、通常の歩兵連隊などが駐屯する軍郷とは違う、皇室との関わりの深い習志野という軍郷の特異性が見えてくるのであった。

また騎兵は、馬という動物との強い絆を持った、他には類を見ない兵科である。習志野原近隣には、騎兵と共に活躍した軍馬の慰霊碑を数多く見ることができる。中には、自分の墓と共に愛馬の慰霊碑を建てている騎兵もいる。苦楽を共にした愛馬を戦友と表現するその心中は、現在の我々にも想像に難くないものがある。

また、近隣の住民にとっても、厩舎から香る馬糞の臭いや、肥料として利用するための街道の馬糞さらいの思い出など、高齢の近隣住民の方への聞き取り調査などを行うと、馬という生き物を介した記憶が実に多いことに改めて気が付く。習志野原は古代より、馬と共に歩んだ歴史そのものでもあるのだ。

そして騎兵学校にほど近い場所には、かつての陸軍墓地があり、現在は船橋市が整備して習志野霊園となっている。その一角に習志野原に関わる日本・ロシア・ドイツの各兵士の慰霊碑が建てられている。慰霊碑を囲む玉垣のように、日露戦争後に豊辺新作騎兵第十四連隊長が分骨したという部下の墓標も数多く残されている。毎年秋には、習志野原で亡くなった第一次世界大戦時のドイツ兵捕虜の慰霊祭が、千葉県日独協会を中心とした有志の方々の手によって行われており、ドイツ大使館附駐在武官も毎年献花に訪れている。

「賢者は歴史に学び、愚者は経験に学ぶ」という言葉があるが、習志野原に隣接する地に住まう私たちは、史実としての習志野原の歴史を、正しく理解しなければならない。戦後七〇年以上が経ち、当時を知る方々も年々減り、聞き取り調査や当時の資料の継承も難しくなってきている。それらの資料を収集・調査・検証し、記録に残すことは、郷土史を研究する上で大切な使命であると感じる。そうして初めて、それらを活かした平和教育も可能になると考えている。

習志野原の拡大

滝口昭二

明治七(一八七四)年九月に設置された習志野原演習場の範囲は、現在の自衛隊の東側を南限とする地域だった。演習場事務所は現在の船橋市郷土資料館の近くに、兵隊の宿泊用の営舎もそこから現在の北習志野駅付近にかけて第一営から第七営まで設置されていた。射撃演習場は現在の西習志野、習志野台二丁目にあった。旅団をはじめ種々の軍事施設が立地し、軍用鉄道はそれらを結んでいた。明治三三(一九〇〇)年、陸軍省は当時の三山村と高津新田と高津村一部の地域を買収して新演習場とした。さらに明治三八年には実花新田の大部分を買収してほぼ完成した。同時に演習場事務所を移転し、廠舎をロシア軍俘虜収容所の跡地に建設している。このために薬円台地区は町が寂れることを憂え、軍に陳情して大正七(一九一八)年に騎兵実施学校(現自衛隊習志野駐屯地)を誘致した。昭和一八(一九四三)年、陸軍は急速軍備拡張と称して高津新田の一部を買収する。これは現在の八千代台駅前にあたる。この計画の背景には、東側に隣接していた下志津演習場と連結するための計画の一端ともいわれていた。

終戦後習志野原の大部分は米軍の管理下に置かれたが、習志野農場として開拓地に黙認された。昭和二一年春米軍によって一部にキャンプが設置され、その後自衛隊演習地となって現在に至っている。

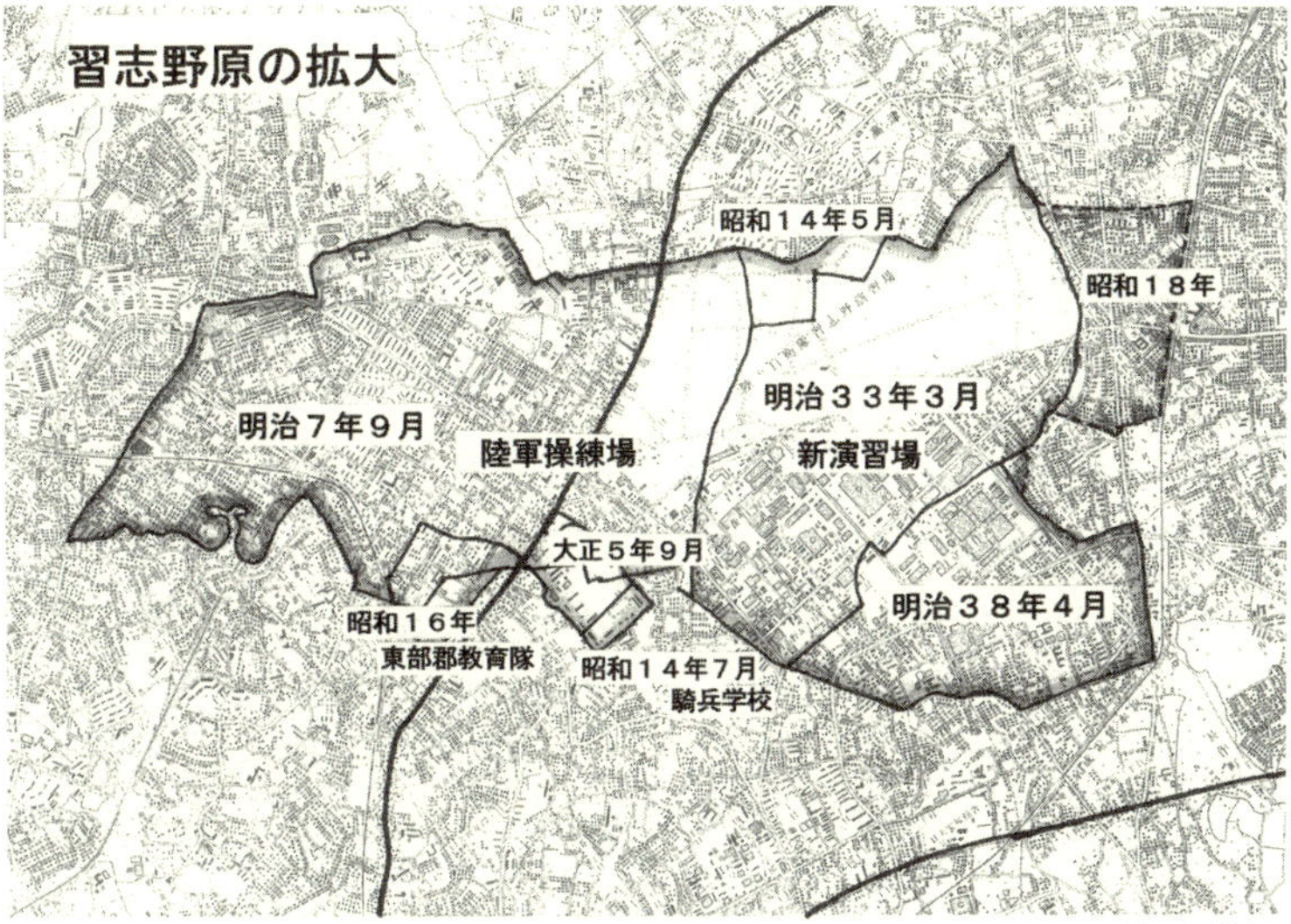

図１　　2003 滝口図版

習志野市周辺にあった軍事施設

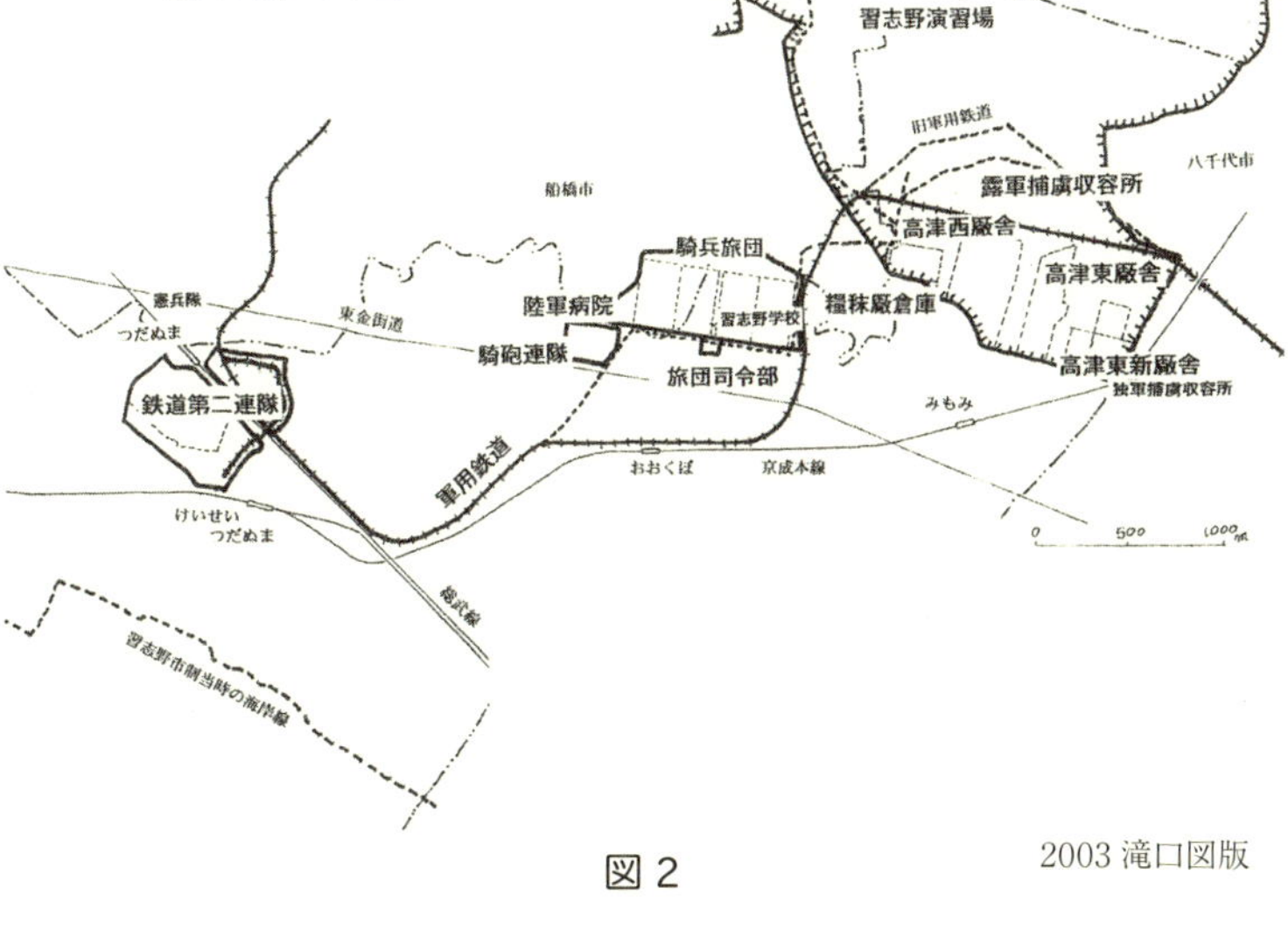

図２　　2003 滝口図版

好古がいた習志野の地形図

北村　章

地図の概略

図1は、明治一二年（一八七九）～一九年（一八八六）にかけてつくられた「第一軍管地方二万分の一迅速原図」であり、通称「二万分の一フランス式彩色地図」と呼ばれている。明治一二年頃参謀本部測量課長であった小菅智淵が参謀本部長山県有朋に「全国測量速成意見」を提出し作成されたものである。ただ、経費削減により三角測量は行われず、簡易的な多角測量にて完成した。測地的には不十分だが、内容的には軍事的にも民間においても十分使用に耐えうる地図だった。

図二は、明治二一年～昭和七年（一九三二）にかけて発行された「正式二万分の一地形図」である。明治一七年以降、普仏戦争の結果をうけ参謀本部の地図作成方

図１　第一軍管地方２万分の１迅速原図

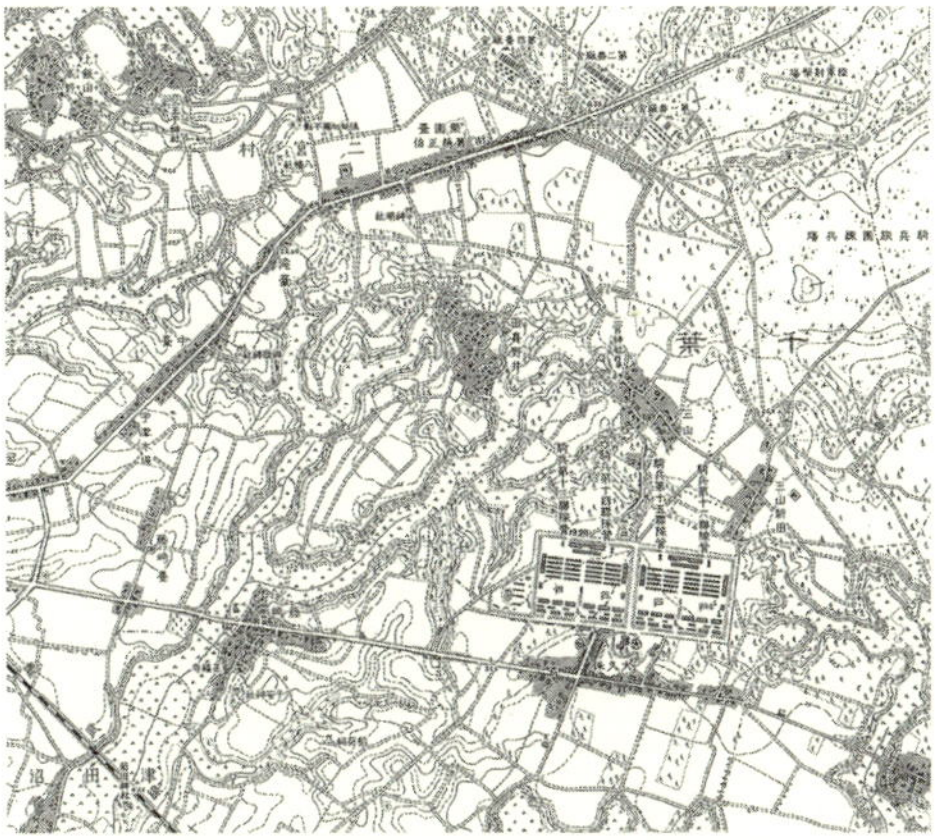

図２　正式２万分の１地形図

法もフランス式を廃しドイツ式の技術が採用された。この図は、ドイツの技術を採用し、正確な三角測量を基にして作成されたもので、我が国初の「正式な地形図」である。図化は、地図化の空白地域であった小田原周辺から進められた。習志野はすでに図一にみるように不十分ながら地図化されていたので、後回しにされた。また、明治二七年の日清戦争、明治三七年の日露戦争は、作業者の多くを戦地の測量に出向させたため、着手された地域は限定されていた。ただ、図２は明治三六(一九〇三)年に測図がされ、同四〇年に製版されたものである。つまり、時代的には好古が騎兵第一旅団長になった年のもので、好古が習志野の地で手腕を発揮していた頃の地形図ということになる。

読図―日露戦争以前と日露戦争期との比較―

大久保新田は、延宝年間(一六七三～一六八一年)に現在の大阪府羽曳野市周辺にいた武士であった市角頼母などが移住し開拓したと言われている。周辺の集落の多くが樹枝状の侵食谷、すなわち水の得やすい谷底平野の周辺部に位置しているのに対し、大久保新田は乏水地である洪積台地上に位置して

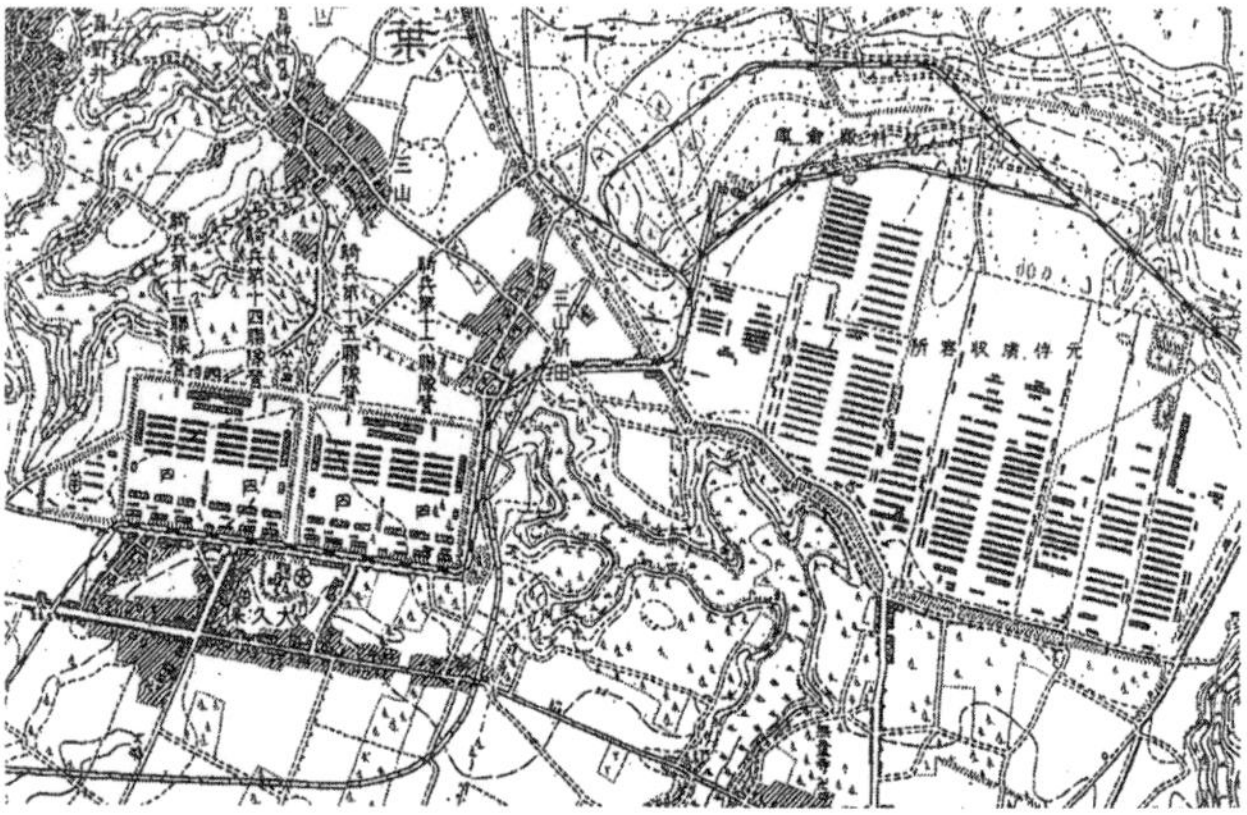

図３　２万分の１地形図 佐倉近傍 23 号(明治 43 年改版)より作成（習志野市教育委員会『習志野―今と昔―』P68 より抜粋）

いる。明治一三年発行の『偵察禄』によれば、大久保新田の面積は、一四八町であり、うち畑一〇一町、林四一町となっている。収穫に米をみることができず、麦類の他に関東では救荒作物として発達したサツマイモの収穫でほぼ占められていた。ローム層で覆われた酸性土壌であるため林も疎林だった。農業従事者以外の職種もごくわずかに大工がみられるのみで、ほとんどが農民であった。周辺の村落に比べ人口も少なく、人口支持力も弱かったことが想像できる。

明治三二年騎兵隊の兵舎が設置されて以降、大きな変化が起きた。この時までは、地域構造も図一が示すような状況であった。兵舎が建つと、様々な商人が現れ門前町と化していった。東金街道の路村形態を呈していた集落も、東金街道から兵舎敷地に伸びる道に沿って拡大した。さらに、図2の測地が行われた明治三六年は、兵舎周辺に鉄道は存在しないが、その後すぐに鉄道が敷設され、実籾には捕虜の収容所ができた(図3)。このように、日露戦争の前後が大久保にとって地域構造をかえる変革のときであったことは、言うまでもない。

騎兵旅団と大久保商店街の変遷

三橋正文・山岸良二

習志野・大久保

今から約一三〇年前の明治二八（一八九五）年、津田沼駅が共用されるようになり、習志野原の軍事訓練地としての運営が一段と活用されるようになった。さらに、明治三〇年代に日本で初の「騎兵旅団」がこの大久保に設置された。西から第十三、十四、十五、十六の四連隊、二個連隊で一個旅団編制が創設された。これに伴って、大久保地区にも軍納入業者らの車馬や大八車などが盛んに往来する場面が展開するようになった。特に、当初連隊正面の「松山通り」は道幅も広く、津田沼に近いこともあって多くの商店、食堂、旅館などが繁盛するようになった。

この時期は、日清戦争で勝利し、三国干渉をうけて、来るべく日露の激突が必然視されていた。そのような時節に、後に「日本騎兵の父」と称される秋山好古の提言により、この騎兵旅団創設となった。秋山好古は伊予松山で生まれ、陸軍に入り、騎兵を専門とした。その後、欧州に留学、当時の最先端騎兵戦術を学んで帰国した。当時、ロシアのコサック騎兵は「世界最強」と言われ、戦端必至の日本陸軍にとってこのコサック騎兵にどう対処するかが最大課題とされた。その時、秋山の提言による「日本最初の独立した騎兵旅団」創設となった。彼は、第二代目の習志野騎兵旅団長として着任した。日露戦争に勝利した際には、この松山通りで深夜まで凱旋を祝う提灯行列が続いた。

大正一五（一九二六）年に京成佐倉線の大久保駅が開通すると、人々の流れは「松山通り」から「大久保商店街通り」に移り、一躍大兵站地として商売繁盛の呈を示した。旅団に出入りの「野菜商」「肉屋」「兵具屋（ムチ、馬具、クラ、鍛冶、蹄鉄、長靴など）」「乗馬服、軍服屋」「時計屋」さらに出陣間際に会いにくる家族連が宿泊する「宿屋・旅館」「食堂」「風呂屋」など活況を示した。

戦後、これら騎兵連隊は西から「第十三連隊」は東邦大学、「第十四連隊」は「日本大学生産工学部」、「第十五連隊」は東邦大学付属東邦中高校、「第十六連隊」は千葉大学腐敗研究所になった。

ＮＨＫ「坂の上の雲」

平成二一（二〇〇九）年ＮＨＫはスペシャルドラマ「坂の上の雲」を放映開始した。このドラマは、従来の放送界の常識には無い「同一ドラマを三年間にわたり計一三回」で放送する斬新な構想ドラマであった。しかも、原作者の司馬遼太郎に「この小説は映像化できない作品」と言わしめたものを、ＮＨＫは「原作に忠実」「出演者が史実の人物に極似」さらに、全体の九割がロケでしかもその八割が海外ロケというこれも従来ない規模の壮大なドラマ制作を意図した。ドラマの主人公は三人で、共に伊予松山出身で、秋山好古は「日本陸軍騎兵の父」と後世言われる日本陸軍騎兵の生みの親、その弟秋山真之は日本海海戦で「七段構えのロシア艦隊撃滅計画」を考案し大勝利に導いた人物、そして三人目が真之の幼馴染で「日本の俳諧を改革」した正岡子規である。

このドラマ放映が決定すると、大久保商店街では三橋正文会長を中心に、「大久保と縁の秋山好古将軍の事績を広く喧伝し、商店街振興を進める計画」として、「秋山好古将軍顕彰の資料集め」「秋山将軍の肖像画作成」「秋山将軍胸像建立」「習志野騎兵関係講演会開催」等々を立案。これらの企画は順次開催実行されていったのである。

図１　騎兵デザインエンブレム（大久保商店街）

これらの動き以前から、同商店街では平成五年に「騎兵の街路灯」が設置された。現在も商店街エンブレムとなっている「騎兵デザイン」である（図１）。同年、歩道部分を「赤御影石」で舗道整備も行われた。

商店街の取り組み　その一

平成一七年「お休み処」と呼ばれる歴史文化交流施設を商店街中央に新設し、「大久保関係」「習志野騎兵関係」「秋山兄弟関係」の資料・史料を精力的に収集した。丁度、その頃日本大学生産工学部で、新図書館建設工事中に「騎兵第十四連隊」銘の礎石が発見され、当時の大谷学部長の見識と尽力で、学部一角に「騎兵連隊顕彰碑」が集約されることになった。これに、触発され隣接する東邦大学でも塀を隔てた地点に「騎兵第十三連隊関係碑」を集める事業が進んだ。今日、これらの場所は「坂の上の雲」放映後日々多数の見学者が見学にくる活況を呈する場所となっている。ちなみに、「お休み処」は平成二五年習志野市・東邦大学と「三者地域連携協定」締結の成果として、現在の地に移転し。「お休み処（商学交流連携センター）」としてリニューアルした（図2）。

図2　新お休み処

商店街の取り組み　その二

次に商店街が取り組んだ事業が、「お休み処」斜め前の習雲山薬師寺門前に「秋山好古像」を建設する企画であった（図3）。平成二〇年に完成、森田県知事、荒木市長をはじめ陸上自衛隊習志野空挺団儀杖隊ラッパ手の演奏で華々しく除幕披露となった。これらの事業と並行して、日本大学生産工学部川岸研究室の制作により、「習志野騎兵旅団司令部建物復元模型」も完成し、平成二三年開設された同市市民プラザ大久保のロビーに展示されることになった。ちなみに、同プラザは司令部跡に建設されたものである。そして、次に実施したのが「秋山好古」「秋山真之」両将の肖像画復元で、記録に残る白黒写真から当時の軍正装に忠実に復元したカラー肖像画を製作した。これらは、現在「お休み処」と習志野第一空挺団空挺館、そして「坂の上の雲」放映後大久保と密接な関係をもつ愛媛県松山市「秋山兄弟生誕地記念館」に掲示されている。

商店街の取り組み　その三

以上の各取り組みは毎回各マスコミでも大きく取り上げられ、県内でも記事となる回数が抜群に増加してきた。一方、ドラマ放映もそれなりの視聴率を上げだした平成二三年同商店街を中心に『秋山好古と習志野』（山岸良二監修・四六版、一四二頁）を刊行、千五百部完売という華々しい成果もあげた。

そして、平成二四年日本大学生産工学部大ホールで「秋山好古をめぐるサミット」大講演会を商店街主催で開催した。この講演会には、松山市坂の上の雲ミュージアム徳永佳世学芸員、上越市北方文化博物館神田勝郎氏を招聘し、筆者ら計五名で約三百名の聴衆を前に白熱の討論が行われた。この日本大学とは毎年春商店街主催の「観桜会」会場であり、秋収穫祭の神輿場としても密接な関係をもっている。

図３　習雲山薬師寺門前建立の秋山好古像

今後の商店街

現在、商店街では春の「観桜会」、夏まつり、秋の

図４　商店街刊行本

「収穫祭」を主催し、毎回多数の参加者で会場は大賑わいである。さらに、九年前の平成二二年からは千葉氏ゆかりの飛騨郡上八幡との関係から、夏祭りに「郡上おどり」を取り入れる企画も進めている。そのゆかりとは、源頼朝が伊豆石橋山の戦いで敗れた後、この房総半島で再起を期した折に助力したのが、千葉介常胤で、その功により下総国に領を得ていたが、承久の乱でさらに功を積み、常胤の子胤頼が飛騨郡上に新恩地を与えられた。最終的にこの飛騨千葉氏は戦国時代に織田氏によって滅ぼされたが、三百年以上も同地を治めていたことになる。このような「由縁」での「郡上おどり」普及への取り組みもしている。

さらに、月一回の「歌声サロン」や「レコードを聴く会」など地域に密着した試みも開催している。

今後も、日々約六千人の学生が闊歩する大久保商店街は、新たな挑戦を進めていく。

鉄道連隊と軽便鉄道

坂井元昭

今、「ハミング・ロード」と呼ばれる遊歩道に、昭和四〇（一九六五）年頃まで線路があり、「軽便《けいべん》線路」と言われていたのをご存知の方も多いだろう。

あの線路は、現ＪＲの軌道（一〇六七ミリメートル）と同じ狭軌だが、その線路の北側に幅の狭い小さな線路が敷かれていた。それが習志野の軍用「軽便鉄道」の軌道（六〇〇ミリ）なのである。

日清戦争後の明治二九（一八九六）年、東京の陸軍士官学校内に創設された鉄道大隊が、明治四〇年に千葉県千葉郡津田沼（現・習志野市）に移転して「鉄道連隊」（現・千葉工業大学）となった。その後千葉の第一連隊、そして津田沼の第二連隊という編成に

図１　津田沼に創設された鉄道連隊
鉄道連隊は、戦地における鉄道の建設・修理・運転をはじめ、千葉県内の県営鉄道等の敷設もした（正林堂書店発行絵葉書）

図２　習志野騎兵連隊前通りにおける鉄道連隊の軽便線路敷設作業
（小林東洋堂発行絵葉書）

図３　三角公園付近にあった軽便鉄道の鉄橋（昭和26年頃）
（久保木太一氏提供）

図４　双合形機関車と軽便鉄道鉄道第二連隊材料廠内での運転演習（太陽社発行絵葉書「鉄道第二連隊軽便鉄道敷設」より）

なった。

しかし、それ以前の明治三二年、大久保に習志野騎兵第一・第二旅団司令部が設置され、騎兵四個連隊が置かれていた。鉄道連隊が来る前から津田沼には軽便鉄道が敷かれていて、総武鉄道株式会社（当時）津田沼駅から騎兵連隊建設やロシア軍俘虜収容所造りや物資搬送のためなどに使っていた。

本大久保一丁目の三角公園北側の交差点を、大久保の古老は「ポイント」と呼ぶ。津田沼駅から走行して来た軽便鉄道がそこで大久保小学校・済生会《さいぜいかい》習志野病院方面と、京成大久保駅方面に分岐する転轍器（ポイント・スイッチ）があったためである（まだその頃京成線はなかったが）。

済生会病院方面にまっすぐ進み東金街道を渡ると、教会の所で二叉に分かれるが、右の細い道には軽便鉄道が広い連隊前通りに出て行くための線路があった。左の済生会病院に向かう道は、のち昭和一〇（一九三五）年に騎砲兵大隊（現・ネイシア津田沼）が出来た時に、戦車隊を通すために作られたのかもしれない。

連隊前通り（現・東邦日大前通り）の広い砂利道は、連隊側（北側）の方が南の民家の側より高くなっており、線路は北側に敷設されていたようである。その線路を東に直進すると、ポイントで分かれた京成大久保駅方面からの線路とつながるようになっていた（現・出光石油スタンド）。

ポイントの南、今の三角公園の辺りは深い大きな窪地になっており、そこに大きな鉄橋が架かっていました。戦後子どもたちには良い遊び場となったが、軽便線路の橋にしては頑丈な造りなので、ＪＲ規格軌道や後述の「満鉄一号」になって架け替えたものと思われる。鷺沼台辺りから大久保小学校までは高低差が大分あり、軽便鉄道がよく走行出来たものだと感心する。戦後でも勾配の標識があったほどである。

さて、鉄道第二連隊の軽便鉄道はどのような機関車が走っていたのだろうか。初期にはドイツ・クラウス社から明治三四年に一〇両（五組）輸入した双合形機関車（Ａ／Ｂ形機関車）だった。これは二台の機関車の屋根の高さをずらして運転席を真ん中にし、背中合わせに連結して二台の機関車の力を利用した蒸気機関車である。

明治三八年には、戦地で使用するため、三七六両（一八八組）を発注した。大量発注のため八社で製造したのだが、日露戦争には間に合わなかった（鉄道兵達は、違う会社で製造したにもかかわらず全く同じ出来で、さすがドイツと感心したという）。

軌道幅は六〇〇ミリ、レールと鉄板製の枕木は一体で、おもちゃのレールのように出来ており、軍

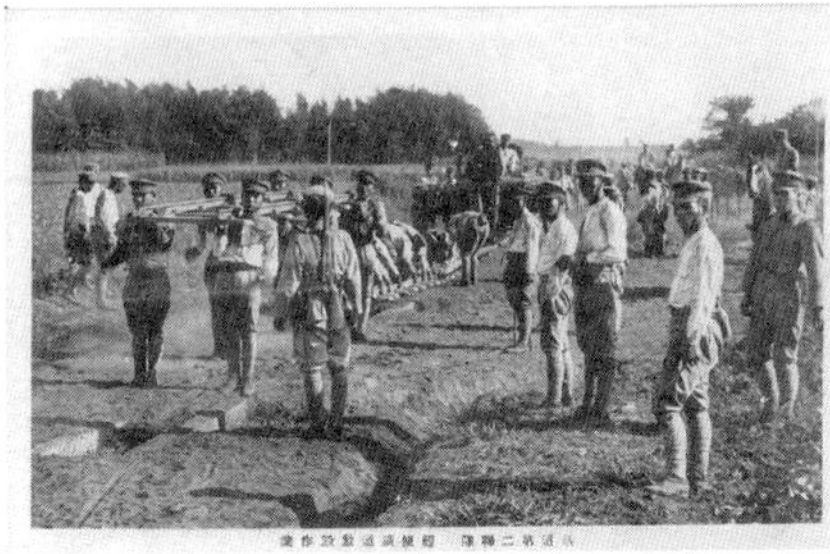

図５　鉄道第二連隊の軽便鉄道松戸線敷設作業（前掲、太陽社発行絵葉書）。

図６　軽便鉄道
（正林堂写真館）

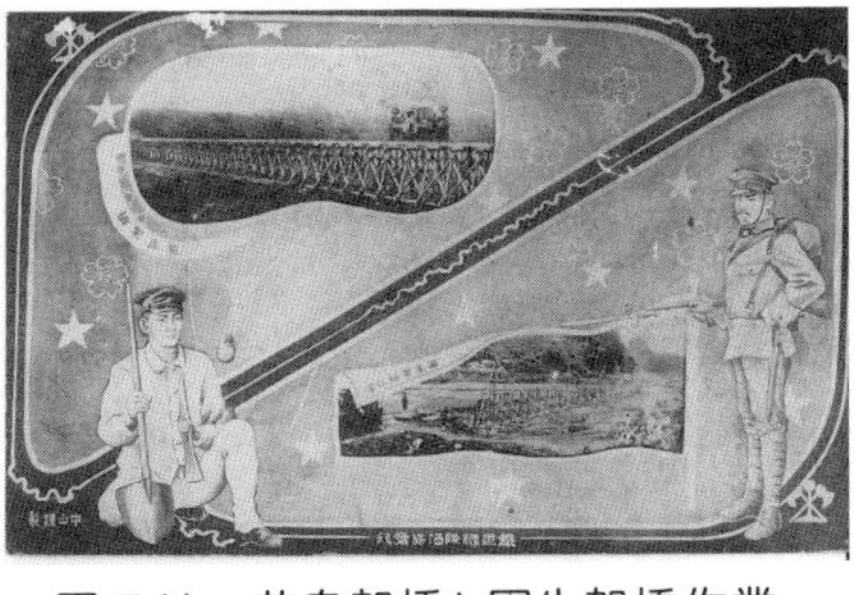

図７は、花島架橋と園生架橋作業。
花島架橋は千葉市花見川区を流れる花見川に架かっていた（鉄道連隊酒保発行絵葉書）

では軌匡と呼んでいた。貨車に積み重ねて運び、地面を均した上に置いてボルトでつないでいくという方法だった。つまり、どこにでも素早く敷設出来るので、当時の地図を見ると軽便鉄道の線路は習志野原をあちこちに移動している。一度に四五〇メートル分のレールを積めたそうである。

騎兵学校（現・自衛隊）やロシア軍、ドイツ軍俘虜収容所、射団（射撃場）の建設などに活躍したのだろう。千葉の第一連隊とも、花島の橋でつながっていた。下志津飛行場方面にも軽便鉄道が敷かれていましたから、飛行場建設などにも使われたのだろう。

習志野市立袖ケ浦東小学校には、大正一三（一九二四）年製、ドイツ・コッペル社の「ＮＵＳ２号」が展示されている。民間が狭軌として輸入した機関車と思われる。

鉄道連隊は同時期の大正一〇年から一四年にコッペル社からE形機関車を三一両購入している。後にE形をモデルに昭和一七年に国内で生産し、「Ｋ２形」機関車として四七両作られました、その一両がイトーヨーカドー津田沼店の隣の公園にある。本来六〇センチ軌道で作られた蒸気機関車なのだが、改軌されＪＲ規格（一〇六七ミリ）になって展示されている。

図８　K2 形機関車

津田沼から松戸までの軽便鉄道敷設は昭和二年、軍から近衛師団へ許可され、五年後の昭和七年頃に完成した。敷設には双合形機関車が使われていた。当時はＪＲ規格の線路が、津田沼から千葉の鉄道第一連隊までの区間軽便線路と併設されており、当時の省線と直通で使われたと思われる。機関車は省線と同等のものが使われていたのだろう。軽便線路は支線のように縦横に使われていたと思われる。

戦後、鉄道第二連隊は千葉工業大学となり、北側の材料廠の三分の一位ほどが転車台（ターンテーブル）や車庫等のあった車両基地が旧国鉄の技術研究所として（現・エクザス辺り）、残り三分の二ほどの倉庫や工場等の跡地が県立千葉工業高校（現・イトーヨーカドーやミーナ津

図９　騎兵第一五連隊と軽便線路
（昭和 10 年撮影）
騎兵連隊は第一次世界大戦後、軽装甲車や戦車などが導入され、急速に機械化部隊へと変容する（塚本清氏提供）

田沼、公園など）となった（ジャスコ側は大栄車両）。

当時、鉄道線路には、軽便軌道（六〇〇ミリ）、ＪＲ規格の狭軌（一〇六七ミリ）のほかに、新幹線と同じ標準軌（一四三五ミリ）と三種類の線路があった。昭和八年頃配備された津田沼の大型機関車「満鉄一号」、千葉の「満鉄二号」がそれである。ＪＲ規格（狭軌）の外側にもう一本の線路を足して標準軌にして満鉄の訓練をしたそうです。

大久保の人たちは、「満鉄一号」が走るのをよく見ていて、その大きさに圧倒されたという（現在の京成、新京成も標準軌です）。その「満鉄一号」は、国鉄技術研究所が東京国分寺に統合され廃止になった昭和三五年頃まで保存されていた。しかし、大きすぎて移動は困難であるとの理由で解体されたそうである。

松戸線は昭和二一年に新京成電鉄になり、習志野原までは国鉄技術研究所が使用した。その間に大久保の有志が数回、津田沼〜千葉路線を一般鉄道路線にと陳情したが、叶わなかった。まだ、八千代台駅も、もちろん勝田台駅も無く、少数の農家が点在するのみで、将来住宅地になるとは想像も出来ない時代、先人達の先見性には感心させられる。これが許可されていたらと本当に残念に思う。昭和三五年から四一年まで、軽便線路は自衛隊の第一〇一建設隊という唯一の鉄道部隊に使われた。その後、習志野市が国から歩行者サイクリング道路として借り受け、現在の「ハミング・ロード」として整備された。

参考文献等

『実録鉄道連隊』イカロス出版、二〇〇九年。
国立公文書館アジア歴史資料センターＨＰ。
習志野市 HP。
『騎兵十五連隊第三中隊在営記念写真帳』昭和一〇年、塚本写真館撮影。
「鉄道ファン」昭和四六年九月号、交友社。
「鉄道模型趣味」一九七三年一〇月号、機芸出版社。
「日露戦役記念写真（第四軍）」東京記念写真頒布会発行。
絵葉書「鉄道第二連隊軽便鉄道敷設」太陽社発行。

日露戦争時のロシア俘虜収容所について

山岸良二・習志野騎兵連隊保存会

秋山支隊が日露戦争の戦線で大活躍している頃、習志野はこの戦争にもう一つ別の関わりを持っていた。この戦争では、緒戦の南山の戦いをはじめ旅順要塞攻略戦などでも多くのロシア兵が日本側に降伏し、その兵隊らが戦地から続々と送られロシア兵俘虜（当時は、捕虜と言わず俘虜という語句が使われた）の収容所が開設されたのである。

近代世界では、人権意識の高揚に伴って敵味方の区別なく負傷者を介護する赤十字条約が締結され、その上一八九九（明治三二）年オランダ・ハーグで開かれた万国平和会議で『陸戦ノ法規慣例ニ関スル条約』の付属文書に「俘虜（捕虜）は人道を以て取扱わるべし」とする規則が定められた。「第七条　捕虜ヲ抑留スル国ハ捕虜ヲ扶養シナケレバナラナイ、交戦国間ニ特別ナ取リ決メナイ限リ、抑留国ノ軍隊ニ対スルト同様ノ食料、宿舎、衣料ヲ捕虜ニ支給シナケレバナラナイ」とある。

日本もこの条約を批准したため、日露戦争時には俘虜の収容管理は一括して敵国兵の陸海軍所属の如何に関係なく陸軍が行うことと決めた。収容所の第一号には、愛媛県松山市が一〇年前の日清戦争時の俘虜収容所開設の実績などから選ばれた。その後、兵庫県姫路市、京都府福知山市、愛知県名古屋市、滋賀県大津市と開設されていったが、旅順要塞陥落後、同地での俘虜数が四三九七五人にものぼる事態となったため、慌ただしく計一〇ケ所開設となった。この時の予定収容数は、山口市（五〇〇名）、大津市（五〇〇名）、伏見市（現・伏見区）（二〇〇〇名）、習志野市（三〇〇〇名）、金沢市（六〇〇〇名）、熊本市（二〇〇〇名）、仙台市（五〇〇〇名）、佐倉市（四〇〇〇名）、敦賀市（一〇〇〇名）であった。その後、奉天会戦と日本海海戦（六一〇六人）などでの増加で、最終的に約七万九千名の俘虜が計二九ケ所に収容された。

習志野収容所は、津田沼村字実籾、大久保にまたがる五五万坪の農地を買収して、二〇〇名収容のバラック七五棟の建設を行った。その場所は現在の習志野高校から東習志野小学校・第四中学校に及ぶ広大な範囲である。明治三八年三月、好古らが奉天の決戦を迎えようとしていた頃、全国の捕虜収容所はロシア兵であふれかえり、新しい収容所の開設が急がれていた。習志野練兵場には三月二五日の六二〇名を皮切りに、日本海海戦が終わって何千もの俘虜（この海戦では対馬にロシア軍艦ナヒモフ号のロシア兵が一〇〇人以上上陸している）が加わり、最終的には約一五〇〇〇名ものロシア兵が送られてきたのだった。収容所長の森岡正元大佐（一八五〇〜一九二五）は土佐の人。好古よりも一回り上の、騎兵の大先輩であり、『敵中横断三百里』の主人公・建川美次中尉は森岡大佐の娘婿に当る。婿が奉天後方の敵情を探りに決死の大冒険をしている頃、舅は習志野で大量のロシア兵の収容に追われていたことになる。

当時の『千葉毎日新聞』には、津田沼駅に到着したロシア兵の様子は「垢の臭いプンと鼻をついて彼らが長陣の労れを知るべく見物人の煙草吸ふを見ては眼の色をかえて手をつき出すも哀れに、手鼻かみつつキョロキョロ見廻す髭面怪しくも不思議に見えたり」と書かれている。当時の津田沼近辺の人口が約六〇〇〇〇人で、習志野騎兵旅団の総数が約三〜四〇〇〇〇人だったことから、最終的に約一万五〇〇〇人の俘虜数は想像を遥かに凌ぐ状況であった。その為、多くの見物人が各地からやってきた。『習志野市史』によれば「沢山の人々が弁当もちで捕虜を見に来た。見物に来た人々と捕虜たちは監視の眼を盗んで衣服と酒を交換した」さらに記録によれば、「東京高等師範教授及び生徒五十名付き添い三十七名」「市原郡鶴舞高等小学校百十三名」という数が残っている。地元の津田沼町大久保小学校なども全生徒が参観した記録が残っている。

最初は天幕を張り、周囲約六キロを竹矢来で囲った急拵えの施設だったようだが、日本海海戦も終った六月頃には、木造の兵舎が次々と完成し、ロシア兵も戦争の終結を待つばかりとなったらしい。防衛省防衛研究所に残るある文書は、その頃のこととしてこんな珍談を伝えている（アジア歴史資料センター・レファレンスコード C03026603400「兵器交換ノ件」）。明治三八年七月三日、渡英三郎一等卒が深夜の衛兵勤務についていると、なぜか突然、多数のロシア兵が一団となり、竹柵を破壊し兵舎の雨戸を押し開いて乱入してきた。驚いた渡一等卒は装備の村田銃で威嚇射撃した。ところが「銃口栓ノ附着シアルニ気付カズ、為メニ銃口ヨリ五珊知米突下部ノ処ニ膨張ヲ来ス」。旧式の村田銃には銃口に蓋があり、慌てた渡がそれを外さずに引き金を引いてしまったため、中で弾丸がはじけ、銃身が膨張してしまった。ついては銃を交換して欲しい、という文書なのである。この申請は認められている。後の軍国主義の時代には考えられない、のどかな話である。騒ぎ出したロシア兵がどうなったのか、ここには書かれていないのだが、驚いてすごすごとベッドに戻ったのだろう。

当時ロシアは、戦時国際法の分野では世界をリードする国だった。一方の日本は、幕末の不平等条約の下で、いまだに野蛮国扱いをされていた。国際法は西欧先進国間の法であり、黄色い猿の国に国際法など守れまいとうそぶくロシアを相手に、日本は意地でも国際法を守ってみせなければならない立場であった。平成一七年一一月一三日の産経新聞は、一面トップで「日露戦争捕虜の写真集発見　習志野も人道的扱い」と報じた。当時習志野に臨床調査に訪れた日本の軍医が撮影したロシア兵の記録写真五〇枚が陸上自衛隊衛生学校で発見され、ビリヤードやトランプに興ずる者や、散歩中に芝生に横たわる姿などが残されていたという。ポーツマス条約が発効し、翌明治三九年一月二〇日をもって習志野のロシア兵はすべて解放される。開設から一〇ケ月ほどの歴史であった。戦傷が悪化し、生きてこの日を迎えられなかった三四名の墓は、今でも大切に守られている(船橋市営習志野霊園)。訪れてみるのも一興であろう。

写真は正門風景、この写真を撮影した岡谷軍医と談笑するロシア兵との風景、収容所内に設置されたロシア正教会の風景である。

本稿では星昌幸氏からご教示いただき、大熊秀治著『日露戦争の裏側　第二の開国』(渓流社、二〇一二)を参考にした。

図１　ロシア兵収容所正門

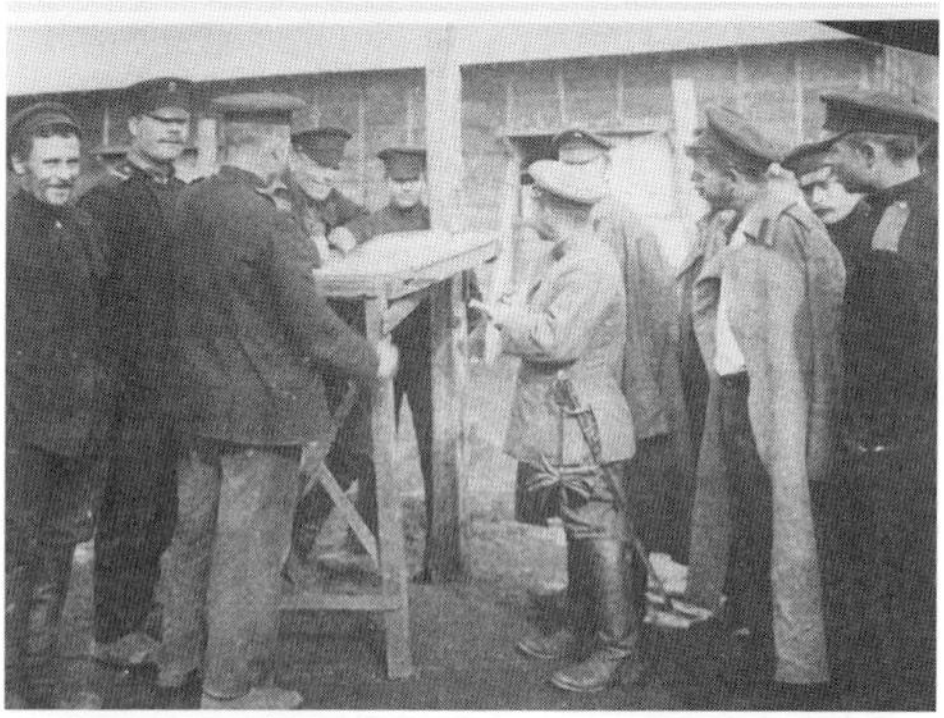

図２　ロシア兵収容所岡谷軍医とロシア兵

図３　ロシア兵収容所 教会風景

大久保に残る日清日露戦争時の未発表書簡

山岸良二

習志野市大久保地区には、かつて「軍都・軍郷」と呼ばれたように、軍関係の施設が多数残存している一方で、明治時代の軍人・政治家の書簡類も長らく保管されている旧家が何軒かある。

今回、この内の未発表書簡四通を所有者（個人蔵）の許可をいただき、まとめてここに報告したい。

１　伊藤博文の書簡

釈文の大意は、「過日トムソン氏より中国製の古銅器をプレゼントされたが、今回の帰郷を急いでいたため返礼の品を渡せなかった。ついては、次回には必ず返礼したい旨トムソン氏に会う機会あればお伝えねがいたい」であるが、「トムソン氏」については不明。

一八四一年生まれ。長州藩農家の子として生まれ、一八八五年初代の内閣総理大臣となり、八九年からは元老として実際の政治主権を握っていた。日清戦争時には第二次伊藤内閣を組織して戦争遂行に努力した。日露戦争前には「恐露症」と揶揄されたほどの対日露協商派であったが、いざ開戦するとアメリカ大統領ルーズベルトと縁のあった金子堅太郎を説得してアメリカに送り講和に努めた。初代韓国総監であったことから、明治四二（一九〇九）年満州ハルピン駅頭で安重根に暗殺された。この

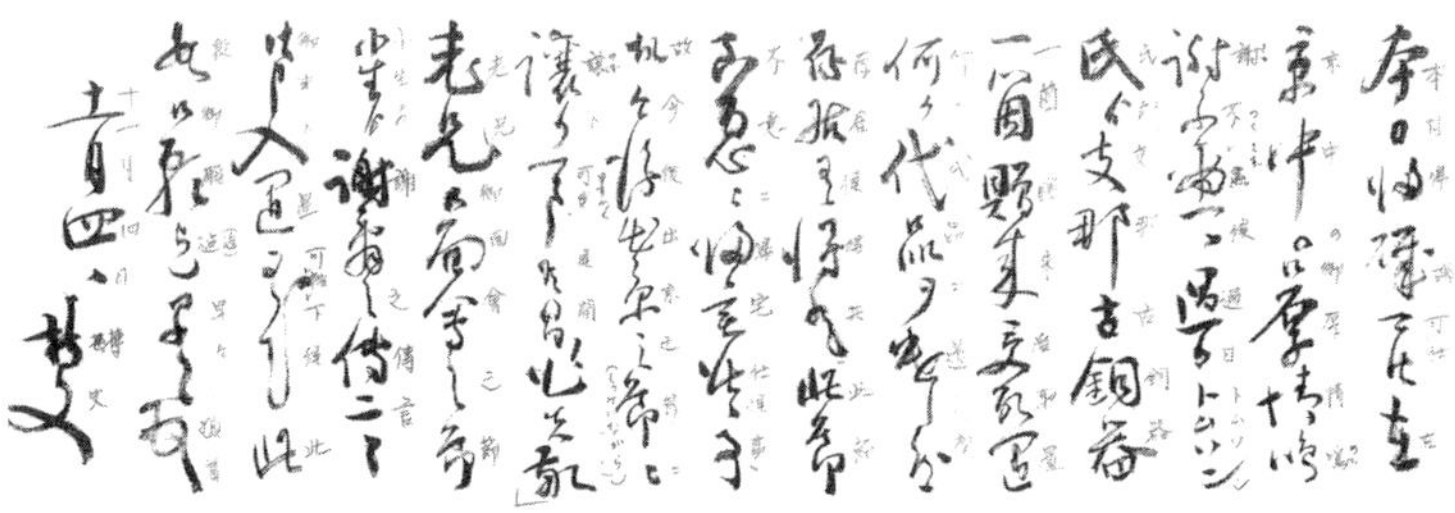

図１　伊藤博文の手紙

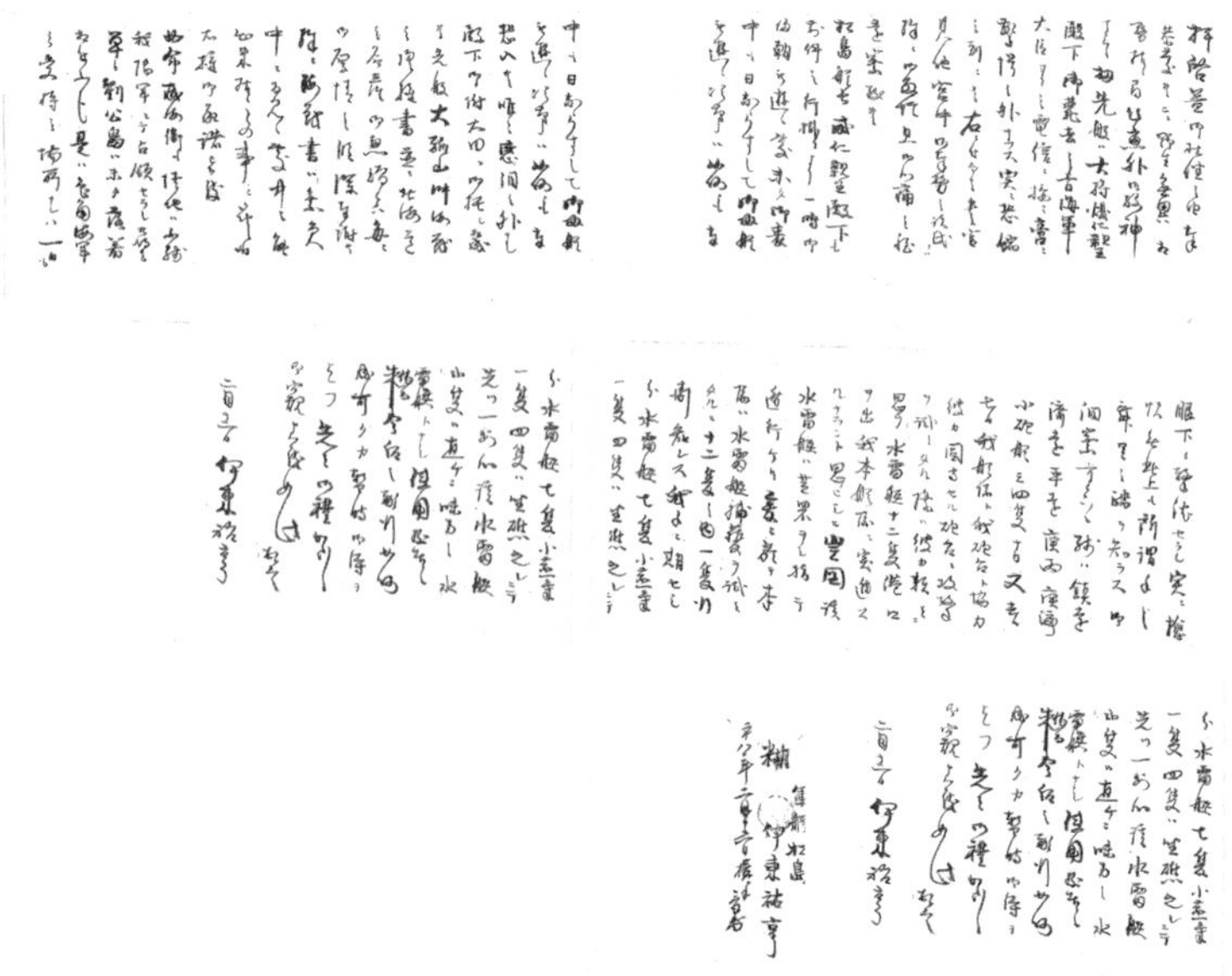

図２　伊東連合艦隊司令長官の手紙

手紙は、文面から日清戦争と日露戦争間と思われる。

2　伊東祐亨連合艦隊司令長官の書簡

釈文の大意「有栖川宮熾仁親王のご逝去に驚きました。私どもの旗艦に座乗の威仁親王殿下にもお伝えしたところ、この度の大勝利の折につき帰還なさらないとのこと。この度の大勝利について詳しくお知らせいたします。敵の本拠地威海衛の攻撃では陸軍がまず占領をすすめ、次いで海軍も水雷艇などが敵の旗艦定遠などを攻撃、八日には巡洋艦靖遠を撃沈した」

北洋水師と呼ばれた丁提督が率いる清国海軍の最期について詳細の報告をしている。日清戦争では明治二七（一八九四）年九月一七日の黄海海戦で勝利した日本軍が、翌年一月から北洋艦隊根拠地である威海衛を攻撃、そしてこの手紙と同じ日付の二月一二日に司令長官丁汝昌が降伏、毒をあおり自殺して終わったのである。この手紙では、その最後の戦いの顛末が記されている。

伊東は一八四三年薩摩藩生まれ。あだ名が「桃太郎の人形」という大柄な美少年だった。日清戦争では島村速雄と名コンビで、連合艦隊を指揮し、豪傑然としているがきめ細かな徳を有する人物として有名であった。大変な酒豪で、相撲好きだったが、その一方で蛇嫌いな人物でもあった。黄海海戦での勝利後相手の丁汝昌提督への熱い想いを記した降伏を勧める手紙は有名である。

3　大山　巌陸軍大将の書簡

釈文の大意「この度は前線に多くの品々をいただき誠にありがとうございます。厚く御礼もうしあげます。」在清国にて

一八四二年薩摩藩に生まれ、小さい頃から「ガマ坊」というあだ名がついていた。西郷隆盛とは従兄弟の関係。日露戦争では児玉源太郎参謀長との組み合わせで陸軍をまとめ、前線に司令部を置く必要性を説き、自分が満州軍総司令官となり大陸へ。豪放な性格と、大胆な作戦指導には定評があった。秋山の献策をよく聞き、それが奉天での勝利に繫がったといわれる。

4　乃木第三軍司令官の書簡

釈文の大意「お手紙ありがとうございます。新聞に報じられている以上にこちらは激戦を繰り広げております。」第三回旅順総攻撃前の明治三七年一一月一〇日旅順にて

一八四九年長州藩生まれ。二〇三高地の戦いでは「野に山に討死なせし益荒男のあとなつかしき撫子の花」と謳った将軍。左目が早くから見えなくなったため、西南戦争で軍旗を奪われ自殺を考える。しかし、親友児玉源太郎が引き止めたことは有名。戦下手も有名で、習志野原では何回も児玉隊と戦うが負けてばかりいた。だが、ドイツ留学で陸軍の有様に目がさめ、日清戦争後中将となって台湾総督となるが、行政能力もなく休職。予備役編入となって那須野で百姓になる。

「山川草木転荒涼　十里風　新戦場　征馬不前人不語　金州城外立斜陽」と謳う。日露戦争で現役

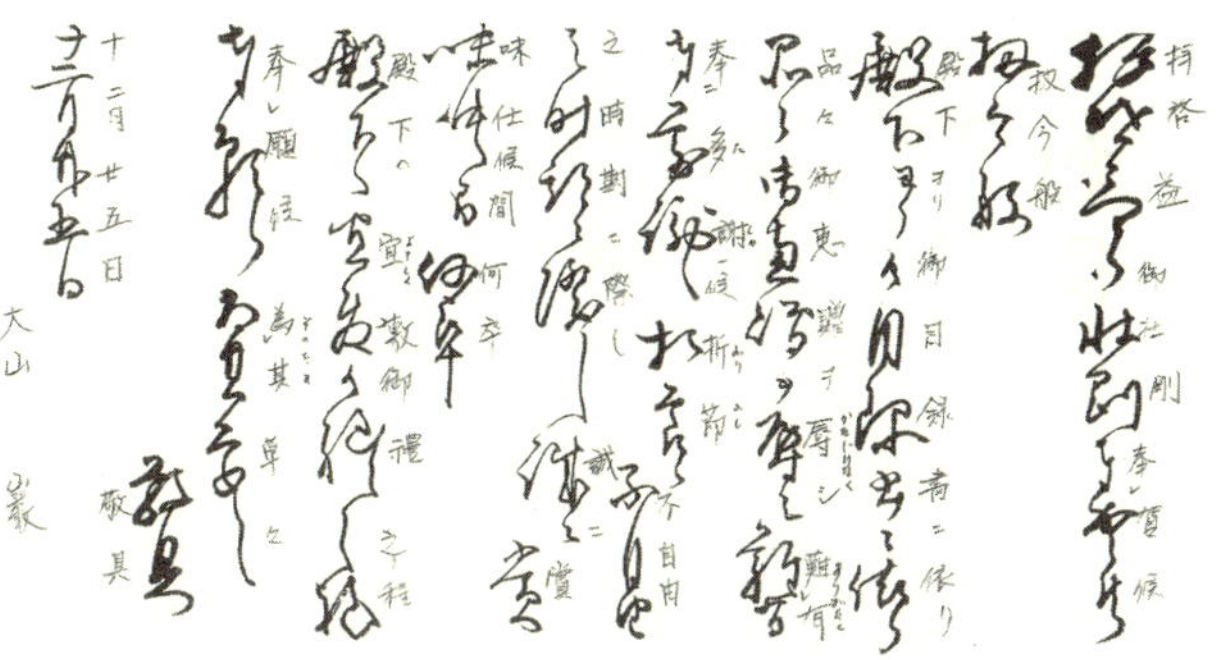

図３　大山大将の手紙

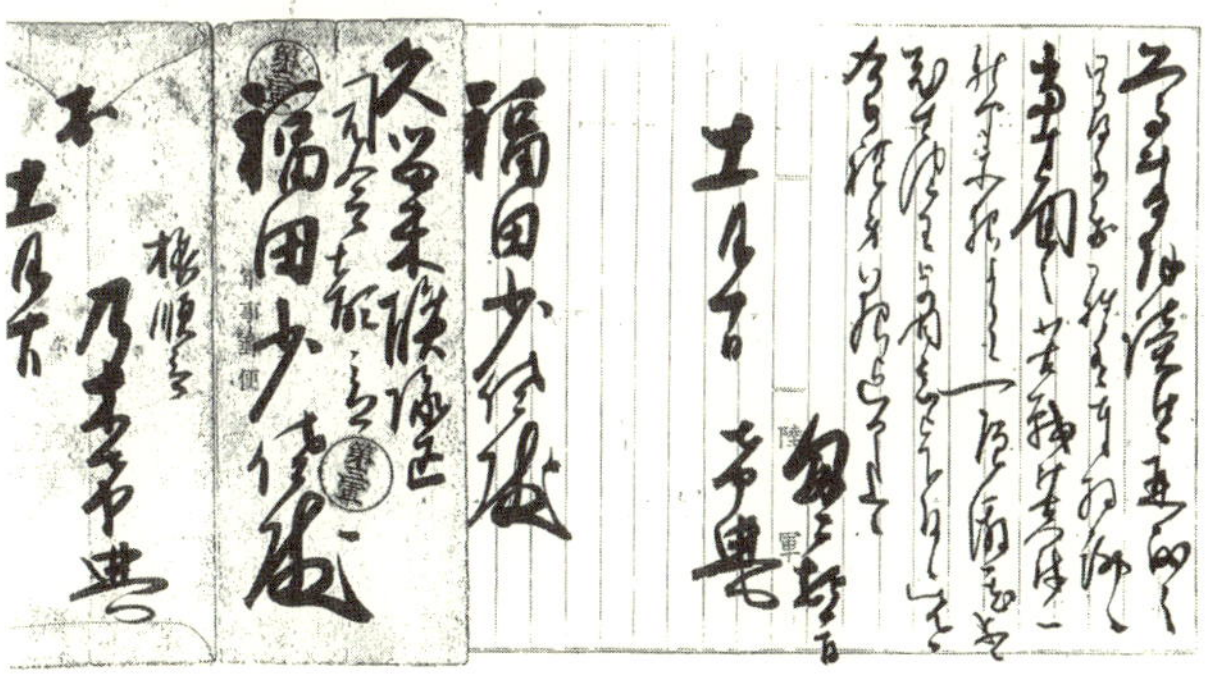

図４　乃木将軍手紙

復帰し、伊地知幸介参謀とのコンビを復活させ、第三軍大将として旅順を攻略する。この手紙はその当時に書いたもの。

（追記）今回報告した大久保地区に残る明治時代の軍人・政治家に関する未公開書簡類については、現在岩下哲典先生（東洋大学大学人間科学総合研究所、日本近世史近代史専門）が鋭意研究されており、近日中にまとめられる予定である。

日露戦争と習志野

笹川　裕

はじめに

明治三九（一九〇六）年二月一六日、秋山好古が率いる騎兵第一旅団は、日露戦争の戦場から習志野に凱旋する。当時、京成電鉄はまだ開業しておらず、現在のＪＲ津田沼駅から大久保の騎兵連隊まで隊列を組んで帰還したのであろう。大久保の人々がどのように迎えたのか、資料もない今となっては想像をするしかないが、道を埋め尽くした人々が歓喜の声で迎えたであろうことは想像に難くない。

日露戦争が明治国家の運命を左右する戦いであったと同様かそれ以上に、習志野市域の村々にとって、この戦争は大きな出来事であった。多くの兵士が出征し、中には冷たい骸となって帰還する兵士もいた。いくつかの資料をもとに、現在の習志野市域の村々の日露戦争出征兵士を追いかけてみよう。

出征兵士と忠魂碑

習志野市域の村々から、どれだけの兵士が中国大陸に出征したのであろうか。しかしながら、残された資料はそれほど多くない。

よく知られているのが「忠魂碑」である。忠魂碑は、戦死者の供養のために建立されたもので、慰霊碑、凱旋碑という言い方をする場合もある。戦死した兵士の遺族が個人で建立した「個人の忠魂碑」や、自治体・地域で出征兵士を顕彰するために建立した「地域の忠魂碑」がある。市内には谷津《やつ》・津田沼（久々田《くぐた》）・藤崎・実籾《みもみ》・屋敷の五地区で地域の忠魂碑が確認されており、その碑面には出征兵士の氏名とともに、戦死した兵士の名前が刻まれている。また、後述するように、個人の忠魂碑もいくつか見つかっている。

図１は藤崎地区の地域の忠魂碑で、台地上の辻の横に建てられている。表面には「日露戦役記念碑」、裏面には一八名の出征兵士の氏名が刻まれている。現在、周辺は住宅地になっているが、かつては畑地の中に建てられていたものと想像される。

図１　藤崎地域の忠魂碑

図２　谷津の個人の忠魂碑

図2は谷津地区の個人の忠魂碑で、奉天近郊の戦闘で戦死した輜重輸卒の忠魂碑である。建っている場所は国道に面した民家の敷地内である。碑面には兵士の人柄や戦績、更には戦死した当時の様子などが記されている。碑文の最後には「出征中に一女が生まれる」という文字があり、愛娘の顔を見ぬまま戦死した兵士とその遺族の悲しみが伝わってくる。

地方史誌と手紙

大正期には郷土史誌の編纂がブームとなり、各地で郡史や町村史が編纂された。これら地方史誌では、日清・日露戦争に出征した兵士や戦死した兵士を顕彰することに力を入れており、出征兵士の一覧表が掲載されている場合が多い。習志野市域が含まれる『千葉県千葉郡誌』（大正一五年）や「津田沼町郷土教育資料」（昭和八年）のほか、稿本ではあるが『幕張町誌』（家鴨文庫）、『津田沼町誌（稿）』（習志野市史編さん室）にも出征兵士の名前や所属部隊などの情報が掲載されている。

このほか、出征した兵士が戦地から送った手紙や、戦地で綴った日記、後に回想した記録なども手がかりになる。大久保地区の旧家に残されていた手紙は、近衛歩兵第四連隊に所属し戦死した兵士の上官が遺族に送った手紙で、その文面には、遺髪と遺品を交付するという連絡とともに、兵士の勇敢な最期の様子が記されている。端正な文字で丁寧に書かれた上官の手紙からは、信頼する部下を失った悲しみが伝わってくる。

日露戦争出征兵士の手紙

「都築鉄蔵伍長の手紙」

佐倉の第二連隊に入営、旅順戦に参加。次いで、奉天会戦では当初秋山支隊に属し、次に第八師団（立見師団長）で戦った。明治三八年四月三日付けの叔父宛の手紙には「敵の機関銃雨の如く」「戦友を助ける暇なく味方を飛び越え躍進躍進」「負傷者も収容出来ず、多くは凍死」と激戦の様子を伝えている。奉天占領後の状況についてもロシア軍が残していった戦利品や、「敵の死体は万を超える程で、足の踏み場もない」状態と記している。

「笹川鉄蔵伍長の手紙」

同じく佐倉の第二連隊に属しており、手紙には「味方の負傷者も退却出来ず、助けを乞う者もいない」と記す。また自分の中隊も「将校は全滅、指揮官は曹長一人、下士官も四分の一」しかいない悲惨な状況を記している。

「市角鉄五郎上等兵の戦死を告げる手紙」

近衛歩兵第四連隊に属し、明治三七年一〇月一三日奉天南方で戦死した。中隊長磯塚大尉が遺族に宛てた手紙には、市角上等兵の勇敢な最期の様子や人柄について細かく書かれていた。

出征兵士と戦死者

以上の資料から、習志野市域から出征した兵士をまとめたものが、本稿の最後に載せた付表「習志野市域における日露戦争出征兵士一覧」である。兵士の総数は一九九名で、若干の遺漏・重複もあると思われるので、二〇〇名程度と考えるのがよいだろう。明治二二（一八八九）年の津田沼村の人口約四五〇〇人（『千葉県市町村合併史』）の四分の一ほどが成人男性と考えると、当時の成人男性の約一八パーセントほどになる。現在の習志野市人口で考えると、およそ二二〇〇〇人が出征したことになる。

表１　習志野市域における日露戦争出征兵士（地区別）

地　　区	出征兵士	割合(%)	地　　区	出征兵士	割合(%)
谷　　津	19	9.6%	実　　籾	22	11.1%
久　々　田	54	27.1%	屋　　敷	7	3.5%
鷺　　沼	17	8.5%	不　　明	47	23.6%
藤　　崎	21	10.6%	合　　計	199	100.0%
大　久　保	12	6.0%			

本稿付表より作成

また地区別（表1）を見ると久々田（津田沼）地区が最も多く、五四名と四分の一ほどを占めている。藤崎や鷺沼・実籾などは二〇名前後、大久保と屋敷が若干少なくなっている。これは地区の人口や規模に関係していると考えられる。兵士の所属部隊は佐倉にあった歩兵第二連隊（後に水戸に移設）が目立つが、地元の習志野騎兵連隊や近衛連隊へ入隊するものも少なくなかった。

習志野市域出身者で、日露戦争に出征し戦死した者は七名（付表）。内六名については個人の忠魂碑がそれぞれ建てられたことが確認できた。このうち三基は寺社に、残りの三基は民有地に建てられていた。寺社にあった三基は、元々

図３　山縣の石碑

民有地内にあったものを移設した可能性もある。明治三七年、内務省は建碑の濫設《らんせつ》を禁止し、明治三九年には、個人墓と見分けがつかない記念碑の建立を不許可とし、名目を同じくする記念碑を一市町村内二カ所以上の社寺境内で建立することを禁止した。忠魂碑が林立する光景により、国民の厭戦気分を醸し出すことを、明治政府が懼れたためであろうことは、容易に想像がつく。

結びにかえて

日清・日露戦争は、近代日本が「坂の上の雲」に近づく変革期であった。それはまた、地域社会にとっても、大きな変革のきっかけだった。しかし、日露戦争から一〇〇年以上がたち、日露戦争を体験した人もいなくなった現在、地域の資料を掘り起こし、地域と日露戦争との関わりを調べるには、色々と制約も多い。忠魂碑も墓地整理や家の改築にあたり撤去・解体されたものが少なくない。遺族が転居し、残されていた資料が行方不明になった例もあった。日露戦争の出征兵士を調べることが、戦争と地域を考える上での、「ささやかな出発点」になればと思い、本稿をまとめた。

付表　習志野市域における日露戦争出征兵士一覧

No.	姓　　名	出身	部　隊	備　　考
1	三代川　富五郎	久々田	騎１４	戦死　輜重輸卒　予輜輸
2	八木ヶ　定吉	鷺　沼	歩２	戦死　歩兵一等卒　後歩上
3	疋田　瀧蔵	大久保	歩２	戦死　歩兵一等卒　後歩上
4	織戸　清太郎	谷　津	騎兵	戦死　騎兵伍長　現騎伍
5	市角　鉄五郎	大久保	近歩４	戦死　歩兵上等兵　現歩上
6	竹内　文二	久々田	歩２	戦死　歩兵一等卒
7	飯生　豊次郎	実　籾	歩２	戦死　歩兵上等兵
8	井上　清太郎	大久保	歩２３	一等縫工卒
9	海原　元吉	大久保		
10	笠川　鉄蔵	大久保	歩２	歩兵伍長
11	斎藤　斉助	大久保	砲１６	輜重輸卒
12	三代川　誠次郎	大久保	近歩大隊　近工	工兵上等兵
13	市角　与助	大久保	東京湾要塞砲兵連	砲兵一等卒
14	清水　修五郎	大久保	騎１６	一等蹄鉄工長
15	田中　常三郎	大久保	歩２	歩兵特務曹長
16	疋田　芳太郎	大久保	砲２旅団　砲１６	輜重輸卒
17	疋田　友治	大久保	東京戸山分院	歩兵一等卒
18	伊藤　吉太郎	久々田	近輜	輜重輸卒
19	伊藤　虎之助	久々田	砲１５	砲兵一等卒
20	伊藤　清次郎	久々田		輜重兵
21	塩田　与惣五郎	久々田	砲１４	輜重兵　砲歩輸卒
22	加藤　信市	久々田		砲兵　二等蹄鉄工長
23	角田　辰蔵	久々田		砲兵
24	吉野　市太郎	久々田	東京湾要塞砲兵連	砲兵一等卒
25	吉野　寿三郎	久々田	砲１６	輜重輸卒
26	吉野　庄作	久々田	近歩３	輜重輸卒
27	金親　常蔵	久々田	輜重１大隊	輜重兵　輜二卒
28	広瀬　秋之助	久々田	歩２	歩兵　伍長
29	広瀬　鉄五郎	久々田	歩２	歩兵一等卒
30	高沢　脩作	久々田		砲兵
31	高梨　留吉	久々田	歩２	歩兵一等卒
32	桜井　金太郎	久々田		歩兵
33	三橋　吉五郎	久々田	近歩４	輜重輸卒
34	三橋　吉五郎	久々田	輜１	輜重輸卒
35	三橋　吉太郎	久々田	砲１６	輜重輸卒
36	三橋　熊吉	久々田	砲１４	輜重兵　砲歩輸卒
37	三橋　佐助	久々田	歩２	歩兵一等卒　病気
38	三橋　佐太郎	久々田	歩２６	歩兵　歩伍長
39	三橋　次郎吉	久々田		輜重兵　砲輸卒
40	三橋　清八	久々田	歩２７	歩兵一等卒
41	三橋　石五郎	久々田	砲 15	砲輸卒
42	三橋　直次郎	久々田	台湾野戦 17 補充大隊	
43	三橋　米蔵	久々田	近歩４	歩兵一等卒

No.	姓　　名	出身	部隊	備考
44	三橋　万太郎	久々田		輜重兵
45	三橋　茂次右衛	久々田	歩２	歩兵上等兵
46	三橋　茂太郎	久々田	歩２	歩兵上等兵　病気
47	三橋　弥平	久々田	歩２８	歩兵一等卒
48	三橋　与助	久々田	砲１５	砲兵一等卒
49	三橋　要蔵	久々田		歩兵（西南戦争？）
50	三代川　栄次郎	久々田	砲１	輜重兵　砲兵輸卒
51	三代川　栄蔵	久々田	近輜	輜重輸卒
52	三代川　幸次郎	久々田	歩２　歩５８	歩兵一等卒
53	三代川　誠太郎	久々田		工兵
54	三代川　直次郎	久々田	砲１６	輜重輸卒
55	三代川　平一郎	久々田	歩２	歩兵
56	三代川　与助	久々田		
57	小川　福太郎	久々田		輜重兵
58	植草　仙蔵	久々田	砲１８	輜重兵　砲輸卒
59	植草　稔	久々田	砲１８	砲兵一等卒
60	植草　留吉	久々田	砲１８	
61	織戸　与助	久々田	騎兵１	輜重輸卒　二等卒
62	竹内　平蔵	久々田		輜二等卒
63	中島　金次郎	久々田	近輜	輜重輸卒
64	長岡　繁太郎	久々田	近歩３	歩兵一等卒
65	都築　伊之助	久々田	騎１５	騎兵一等卒　歩兵
66	都築　嘉助	久々田	工１	輜重輸卒
67	都築　幸次郎	久々田	歩２	歩兵
68	都築　鉄蔵	久々田	歩２	歩兵　伍長
69	都築　要蔵	久々田	歩３	歩兵一等卒
70	伊藤　藤八	鷺　沼	近歩４	歩軍曹
71	海老原　万吉	鷺　沼	歩２	歩兵二等卒　召集解除
72	広瀬　直二郎	鷺　沼	歩２	負傷
73	広瀬　定之助	鷺　沼		
74	広瀬　伝蔵	鷺　沼	歩２	歩兵伍長
75	相原　巳吉	鷺　沼	満州軍総司令部	三等蹄鉄工長
76	相原　弥助	鷺　沼	砲１４	砲兵一等卒
77	村山　教	鷺　沼	歩２	歩兵軍曹　負傷
78	村山　国松	鷺　沼	砲４　近歩４	歩兵一等卒
79	村山　豊蔵	鷺　沼	近歩１	歩兵一等卒
80	村山　六四郎	鷺　沼	砲１旅団　砲１５	輜重輸卒
81	渡邊　国松	鷺　沼	騎１４	輜重輸卒
82	渡邊　団蔵	鷺　沼	騎１４	
83	渡邊　豊蔵	鷺　沼	近歩１	
84	鈴木　甚蔵	鷺　沼	歩２	歩兵二等卒　召集解除
85	鈴木　豊吉	鷺　沼	歩４	歩兵一等卒
86	伊藤　虎夫	藤　崎	騎１９	騎兵特務曹長
87	吉野　与助	藤　崎	砲１５	砲兵一等卒

No.	姓　　名	出身	部　隊	備　　考
88	江口　源之助	藤崎	近歩４	歩兵上等兵
89	佐野　喜一	藤崎		喜市（？）
90	小林　太三郎	藤崎		
91	森田　太七	藤崎	騎１４	騎兵上等兵
92	田久保　亀吉	藤崎	歩１　歩２	歩兵一等卒
93	田久保　亀吉	藤崎	砲１５	砲兵一等卒
94	田久保　亀之助	藤崎	近歩２	輜重輸卒
95	田久保 吉太郎	藤崎	近歩　近工	工兵一等卒
96	田久保　金蔵	藤崎	歩５８	歩兵一等卒
97	田久保　権蔵	藤崎	騎７	騎兵一等卒
98	田久保　勝五郎	藤崎	近歩４	歩兵二等卒
99	田久保　仁助	藤崎	近歩４	歩兵一等卒
100	田久保　善吉	藤崎	砲１５	輜重輸卒
101	田久保　辰之助	藤崎	満州軍独砲旅団	砲兵伍長
102	田久保　定吉	藤崎	国民歩兵	歩兵一等卒
103	田久保　茂八	藤崎		
104	田久保　萬蔵	藤崎	近歩４	輜重輸卒　負傷
105	本橋　秋太郎	藤崎	近輜重大隊	輜重兵上等兵
106	鈴木　一郎	藤崎		
107	海老原　喜三郎	実籾		現役兵
108	海老原　常吉	実籾		現役兵
109	関口　三三九	実籾	砲１５	砲兵一等卒
110	斎藤　慶三郎	実籾	一師司	砲兵曹長
111	斎藤　米松	実籾	歩２	歩兵二等卒
112	斎藤　民治	実籾		現役兵
113	桜井　源蔵	実籾		出征
114	桜井　仁助	実籾	歩２	歩兵伍長
115	桜井　伝一郎	実籾	歩３	砲兵一等卒
116	時田　四方吉	実籾	近歩２	砲兵上等兵
117	時田　清蔵	実籾	砲１７	砲兵輸卒
118	大川　長蔵	実籾	野重砲１	輜重輸卒
119	中山　三四郎	実籾	歩１	歩兵上等兵
120	鴇田　寛	実籾	近歩４	歩兵上等兵
121	鴇田　忠次	実籾	東京湾要塞砲連	砲兵軍曹
122	飯生　伊重	実籾	韓国憲兵分隊	憲兵上等兵
123	飯生　喜一	実籾	近歩４	歩兵一等卒
124	飯生　鉄之助	実籾		現役兵
125	飯生　徳平	実籾	砲１	砲兵一等卒
126	飯生　与平次	実籾	騎１５	二等蹄鉄工長
127	脇田　乙也	実籾	歩４４	歩兵一等卒
128	中台　音次郎	屋敷	歩２	歩兵二等卒
129	中台　喜一	屋敷	歩２	歩兵一等卒
130	中台　菊太郎	屋敷	歩２７	歩兵一等卒　菊次郎（？）
131	中台　三之助	屋敷	近歩４	輜重輸卒

No.	姓　　名	出身	部隊	備　考
132	中台　文吉	屋　敷	砲１６	砲兵輸卒
133	中台　勇次	屋　敷	歩２	歩兵二等卒　治（?）
134	中野　貞次	屋　敷	近歩４	輜重輸卒
135	岡本　直道	谷　津	騎１４	騎兵軍曹
136	加藤　与太郎	谷　津	砲１８	砲兵輸卒
137	吉野　富太郎	谷　津	砲１５	砲輸卒　砲兵輸卒
138	金子　仁平次	谷　津		歩兵上等兵
139	高橋　治助	谷　津	近歩４	歩兵一等卒
140	三代川　清吉	谷　津	野戦補充　工１	工兵一等卒
141	三代川　倉吉	谷　津	騎１５	騎兵一等卒
142	三代川　定五郎	谷　津	東京湾要塞砲兵連	砲兵一等卒
143	三代川　茂助	谷　津		砲兵一等卒
144	小倉　佐吉	谷　津	近輜	輜二卒　輜重輸卒
145	織戸　勘次郎	谷　津		陸軍歩兵一等卒
146	織戸　吉蔵	谷　津	砲２　砲１６	輜重輸卒
147	織戸　石次郎	谷　津	近歩４	歩兵一等卒
148	織戸　武助	谷　津	砲２　近歩４	歩兵一等卒
149	織戸　豊吉	谷　津	野砲１２	砲兵輸卒
150	村山　与五郎	谷　津	歩２８	歩兵一等卒
151	太和田　清五郎	谷　津		歩兵一等卒
152	矢野　文右衛門	谷　津	歩27	歩兵二等卒
153	相原　寅蔵		歩３	歩兵一等卒
154	相原　万次郎		横須賀鎮守府	一等兵曹
155	市角　勘次郎		東京湾要塞砲兵連	馬卒
156	伊東　藤八		歩４９	歩兵軍曹
157	岩崎　義孝		騎１３	騎兵曹長
158	岩崎　義平			騎兵曹長
159	海老原　元吉		近歩４	歩兵一等卒
160	海老原　弥助			砲一卒
161	海老原　与助		砲１４	砲兵一等卒
162	織田　勘次郎		歩３	歩兵一等卒
163	織戸　豊吉		近歩２	歩兵一等卒
164	金親　常吉		近歩２	輜重輸卒
165	金子　茂助		野砲１４	歩兵一等卒
166	斎藤　音吉			輜二卒
167	崎元　正勝		近歩３	一等主計
168	佐野　豊蔵		工１	工兵一等卒
169	白鳥　実二			騎特曹
170	白鳥　要蔵		歩２７	歩兵一等卒
171	田久保　松蔵			騎一卒
172	竹内　三蔵		近輜	輜重輸卒
173	田島　實二		騎１５	騎兵軍曹
174	田村　弥平		歩２８	歩兵一等卒
175	中川　恒太郎			一等靴工長

No.	姓　　名	出身	部　隊	備　　考
176	疋田　友吉			歩一卒
177	広瀬　吉三郎		歩２	歩兵一等卒
178	広瀬　治助		近歩２	輜重輸卒
179	広瀬　林蔵			歩兵一等卒
180	松原　弥助			砲一卒
181	澪川　誠次郎		鉄道大	工兵上等兵
182	三橋　岩蔵		歩１５	輜重輸卒
183	三橋　治郎吉		野重砲１	輜重兵　砲兵輸卒
184	三橋　清人			歩一卒
185	三代川　金四郎			輜二卒
186	三代川　金治郎		近輜	輜重輸卒
187	三代川　正次郎			砲二卒
188	村上　与助		歩２	輜重輸卒
189	村山　卯之助		近歩	輜重輸卒
190	村山　岩蔵		歩２	歩兵一等卒
191	村山　芳蔵		歩３	歩兵軍曹
192	村山　与助			輜２卒
193	山崎　福太郎		歩２５	歩兵一等卒
194	吉野　嘉助			代用馬卒
195	吉野　与七		騎１５	馬丁
196	吉野　六右衛門			歩二卒
197	渡邊　安太郎		歩３	輜重輸卒
198	渡邊　貞司		歩１	歩兵一等卒
199	渡邊　林蔵		歩１	歩兵一等卒

※『千葉県千葉郡誌志』『津田沼町郷土教育資料』『幕張町誌』『稿本　津田沼町誌』、習志野市内の忠魂碑などから作成。

※出身地・部隊・階級などは記載のまま、二つ以上の資料に異なる記載があるものも、そのまま記載した。また、同一人物と思われるものも、明らかな者以外は、そのまま記載した。

※部隊の略称：歩兵第２連隊→歩２　近衛歩兵第４連隊→近歩４　など。

騎兵旅団と第十四連隊日本大学生産工学部内の記念碑

大谷利勝・山岸良二

習志野騎兵旅団の変遷について

習志野騎兵第一旅団

概要　旅団の編制は第一旅団司令部と騎兵第十三連隊及び第十四連隊によって編制されており、平時は東京の近衛師団（一八九一年創設）に属し近衛騎兵連隊を隷下に加えられていた（通常、騎兵連隊の編制は平時で五中隊、戦時で四中隊）。

日露戦争の折には、当時最強といわれたロシア帝国のコサック騎兵部隊を秋山好古旅団長の考案した騎兵戦術を駆使して破り、大いに活躍したことは有名である。

現在、騎兵第十三連隊跡地には東邦大学薬学部・理学部、第十四連隊跡地には日本大学生産工学部が置かれ、それぞれの敷地内に「騎兵連隊記念石碑」が付設されている。

沿革

一八九九(明治三二)年　習志野原の高津廠舎を仮兵舎として発足。

一九〇一(明治三四)年　一二月一九日に軍旗が騎兵第十三、十四連隊に授与。

一九二三(大正一二)年　軍備整備により平時四中隊となる。

一九三二(昭和七)年六月　満州事変出動時には旅団機関銃隊(一中隊一六銃)、騎砲兵中隊(四門)を加えて戦時編制を整備、さらに試験的に装甲自動車中隊(装甲車七両、自動貨車若干)を加える。両連隊は留守隊として各一中隊を内地に残し三中隊編制で出動。

一九三三(昭和八)年　装甲自動車中隊は正式に編制化され旅団自動車隊となる。騎兵第一旅団、騎兵第四旅団を統合して騎兵集団を編制。

一九三四(昭和九)年　満州常駐部隊となり、留守部隊は廃止。これを招致して四中隊となる。

一九三五(昭和一〇)年　旅団の騎砲兵中隊及び装甲自動車中隊は騎兵集団の直轄となる。

一九三六(昭和一一)年　編制改正により両騎兵連隊に機関銃中隊が新設される。

一九三九(昭和一四)年二月　騎兵集団司令部と共に蒙疆に移る。一〇月、旅団各隊は自動車編制に改編、さらに騎兵第七十一連隊(自動車編制の四中隊・機関銃中隊)が増加される。

一九四二(昭和一七)年一〇月　旅団解隊、各部隊は戦車第三師団の部隊に改編される。

歴代騎兵第一旅団長（少将）

第一代　渋谷在明　第二代　秋山好古（日露戦争時）
第三代　本多道純　第四代　河野政次郎　第五代　永沼秀文
第六代　稲垣三郎　第七代　田村守衛　第八代　小畑豊之助
第九代　宮内英熊　第一〇代　原田宗一郎　第一一代　梅崎延太郎
第一二代　柳川平助　第一三代　吉岡豊輔（満州事変時）
第一四代　高波祐治　第一五代　中山蕃　第一六代　小川正輔
第一七代　黒谷正忠　第一八代　野沢北地
第一九代　大賀茂（日中戦争時）　第二〇代　片岡茂
最終第二一代　森茂樹

習志野騎兵第二旅団

概要　旅団の編制は騎兵第十五連隊及び第十六連隊によって編制されており、平時は東京の第一師団（一八八八年創設）に属し、騎兵第1連隊を隷下に加えられていた。

その後、一九三二年一二月より騎兵第十六連隊の敷地は「陸軍習志野学校」に編入された。終戦後、同地は千葉大学腐敗研究所として一時使用され、現在は「ならしのの森」として空き地と住宅地になっている。一方、第十五連隊跡地は現在東邦大学付属東邦中高等学校となっており、二〇一一年に完成した「全面人工芝」が鮮やかな景観をつくっている。しかし、両敷地内には騎兵連隊関係の石碑類は一切付設されていない。

沿革

一八九九(明治三二)年　習志野原の高津厰舎を仮兵舎として発足。

一九〇一(明治三四)年　一二月一九日に軍旗が騎兵第十五、十六連隊に授与。

一九〇二(明治三五)年　大久保にて編制完了。

一九二〇(大正九)年　機関銃中隊設置される。

一九二三(大正一二)年　軍備整備により両連隊は平時四中隊となる。旅団は満州事変、日中戦争にも出動しなかったため、戦時編制による機関銃隊、騎砲兵隊に編入。

一九三五(昭和一〇)年　旅団に騎砲兵大隊が設置、それらが翌年騎砲兵連隊となって衛戍病院南に移される(騎砲兵連隊跡地は終戦後順　天堂大学体育学部となり、現在はマンション群)。

一九三六(昭和一一)年　両騎兵連隊に機関銃中隊が新設される。

一九四一(昭和一六)年　騎兵が編制改編で全面的に機甲兵部隊となり、他の旅団に先立った旅団解隊。

歴代騎兵第二旅団長(少将)

第一代　閑院宮載仁親王〔日露戦争時〕　第二代　田村久井

第三代　杉浦藤三郎　第四代　吉田平太郎　第五代　内田広徳
第六代　永山元彦　第七代　岡本功　第八代　三好一
第九代　福田義彌　第一〇代　佐藤栄樹　第一一代　飯島昌蔵
第一二代　高波祐治　第一三代　原常成　第一四代　蓮沼蕃
第一五代　笠井平十郎　第一六代　山岡潔　第一七代　内藤正一
第一八代　若松晴司　第一九代　高橋重三　第二〇代　栗林忠道〔硫黄島守備隊隊長〕
第二一代　賀陽宮恒憲王　最終第二二代　藤田茂

日本大学生産工学部校内に残る「騎兵第十四連隊記念碑」について

昭和四三（一九六八）年夏、本大学一四号館前の道路工事現場から「満州〜〜」と書かれた記念碑らしきものが発見されたので見てほしいと加藤数良君（当時機械工学科四年、現本学教授）から連絡をうけた。早々見に行くと、上半分が欠けた石碑で「第十四連隊の碑」と読めた。上部がないかと周囲を掘ってみたが発見できなかった。また、折れ口が古いためおそらく工事の際に破損したものではなく、かなり以前に破損したものと判断された。

石碑の表面を洗ってみると、「〜〜創立〜〜満州移駐」と刻されていた。また、次に「第十四連隊」の前には「騎兵」なり「歩兵」という名称がつくはずと考え、防衛庁関係の知人に調査を依頼した。

その結果、本学には元習志野騎兵旅団第十四連隊があったこと、およびその事情をよく知る人物とし

図１　日本大学生産工学部内にある戦車連隊記念碑

図２　日本大学生産工学部 第十四連隊石柱 偶然発掘された

て津田沼キャンパス近くにお住まいの借行社事務局長袖原久氏を紹介された。数日後、来校された袖原氏からお話を伺った。

氏は習志野騎兵旅団第十四連隊に所属し、戦後は厚生省で「引き揚げ者」の援護にあたり、その後借行社事務局長になられた方である。

氏のお話によると、第十六連隊は秋山好古将軍の指揮下日露戦争で活躍したが、昭和七年六月満州ハイラルに移駐することになり、その移駐記念としてこの石碑が建てられた。揮毫は是永浩氏である。是永氏が広島に存命で、時折借行社の催しにも出席されるとのことから、その後来校いただき石碑をご覧いただいた。陸軍でも達筆家として有名で、戦後は地元で書道の先生もしておられるとのことであったが、ご高齢のため付き添いも必要な状況であったためか、揮毫時のご記憶もはっきりしなかった。その後、まもなく他界されたことは残念である。

ところで、袖原氏からは氏所蔵の「習志野原及周回邨落圖」「明治八年野営演習之日製之」をお見せいただいた。一万分一之縮尺と記載のある古い地図である。東京湾がまだ品川湾と書かれており、東金街道や成田街道には人家がまばらな状態である。おもしろいことに地図の枠外には、演習参加のメンバーらしき記述もあって、第一組から第六組までの参加者名が見られる。それぞれの組筆頭者の階級は少尉から少佐で、各組指揮官に該当すると思われる。この地図とほぼ同じものが、現在習志野第一空挺団空挺館に保管展示されているが、そちらは「明治九年」と明記されており、こちらの方が一年古いことになる。

昭和四五年三月には、袖原さんのご尽力で騎兵第十四連隊生存者の皆さんが集まり、記念式典が開催された。出席者の中に、元教官の会沢さんがいらしたが、当時の習志野警察署前の「会沢スタジオ」ご主人の父君であった。

その後、元騎兵第十四連隊に所属されていた竹田宮様から当時の日本大学柴田理事長にこの石碑保存の要請があり、昭和六一年には同騎兵連隊会和田英夫委員長らの尽力で「騎兵第十四連隊発祥之地」という石碑が、翌年には先に触れた地中から発掘された石碑を基に「騎兵第十四連隊之跡」という石碑が建立されている。

そして、現在では同じ場所に「戦車第二連隊碑」（同会代表小林市三氏らの尽力）も建立されている。「戦車第二連隊」は騎兵第十四連隊満州移駐後、この地に編制され九州久留米の「戦車第一連隊」と並んで陸軍最初の戦車連隊として整備された。昭和一六年ジャワ島スラバヤ上陸作戦に参加、その後第一中隊はビルマ戦線に、第四中隊はガダルカナル島での戦闘で玉砕した。一方、北満ハイラルに進出した「戦車第八連隊」は昭和一七年一〇月ラバウル島第八方面軍の隷下に属し終戦を迎えることになる。

※本稿は大谷利勝「記念碑の思い出」「習志野原」「「騎兵第十四連隊之跡」記念碑建立によせて」の三論文を中心に山岸良二が加筆したものである。現在、日本大学側では多くの石碑群が大谷先生のご尽力で集められ、見学者の便宜に貢献している。さらに、塀を挟んだ東邦大学側にも騎兵連隊関係の石碑群が集められている。

騎兵第十三連隊・第十六連隊と東邦大学

吉満貴志

「かつて存在せしものは、時代の価値観をこえて保存し、記念すべきものである。それが、文明というものである」

東邦大学習志野キャンパス内にある、司馬遼太郎氏の文学碑に刻まれた一節である。

本学習志野キャンパスがある地には、かつて騎兵第十三連隊があった。現在はキャンパス内に、その騎兵第十三連隊発祥の記念碑が残されている（図１）。

騎兵第十三連隊は、『坂の上の雲』に登場する主人公のひとり、秋山好古が指揮する騎兵第一旅団の一つであった。本学キャンパスがあるこの習志野の地は、かつて秋山好古と騎兵連隊が活躍した舞台の一つとなっている。

騎兵隊の活躍は、日露戦争においては、当時世界最強と謳われたロシアのコサック騎兵を大陸戦において退け、ロシア帝国主義から日本を守った大きな一因ともなったと言われていることから

図１　「騎兵第十三連隊発祥之地」記念碑

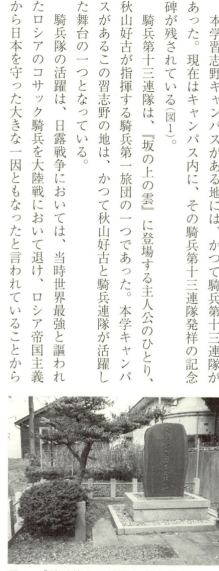

図２　東邦大学習志野キャンパス内にある騎兵第十三連隊の碑群

図３　司馬遼太郎氏の文学碑

もうかがえる。

本学習志野キャンパス内には、この騎兵第十三連隊の栄誉と、祖国を守り今日の国の繁栄に寄与した、騎兵第十三連隊諸霊の偉徳を永く後世に伝えるための記念碑が建立され、今日まで受け継がれている（図2）。

本学キャンパス内には、この騎兵第十三連隊発祥の記念碑と並ぶようにして、司馬遼太郎氏の文学碑も残されている（図3）。その文学碑には、傑作『坂の上の雲』を著した司馬遼太郎氏から、騎兵第十三連隊会・故山本博史会長に送られた手紙の一節（本稿冒頭に引用）が刻まれている。

山本会長と司馬氏は知人を通じて知り合った。山本会長は旧制東京外国語学校出身で、元騎兵隊に所属した。一方、司馬氏は旧制大阪外国語学校出身で、騎兵隊と関係の深い元戦車隊に所属していた。互いに外国語学校出身で所属隊も関係が深い間柄が縁で、両者は親交を深めたという。

平成五年、騎兵第十三連隊発祥の記念碑が本学キャンパス内に建立された。

当初、山本会長は碑面の揮毫《きごう》を司馬氏に依頼した。司馬氏は『坂の上の雲』を著した不世出の文豪、文化勲章作家であり、騎兵隊と関係の深い戦車隊に属していたことなども理由であった。

しかし、司馬氏から長文の手紙が届き、そこには「自分としては、戦車兵であるが故に不適切と思う。」との辞退の内容が記されていた。

一方、騎兵第十三連隊発祥記念碑の建立計画について、司馬氏は『かつて存在せしものは、時代の価値観をこえて保存し、記念すべきものである。それが、文明というものである』との一節を手紙に記された。

山本会長と連隊会は、この一節を同記念碑建立の真精神《ほんとうのこころ》を適切に現す名文と判断し、この一節を後世に伝え、子孫に残す価値があるものと考えた。

その後、騎兵第十三連隊発祥記念碑と同じ域内に、この手紙の一節が刻まれた文学碑が建立された。これらの碑は、今日まで本学キャンパス内で大切に保存され、受け継がれている。

文学碑の正面には司馬氏の筆跡を拡大した文章が刻まれ、裏面には次のように刻まれている。

司馬遼太郎　大正十二(一九二三)年
八月七日生
平成八(一九九六)年
二月十二日没

作家　文明評論家
平成五年　文化勲章受賞
我が国騎兵の父と仰がれ　騎兵第十三聯隊等を指揮した、騎兵旅団長秋山好古は、司馬文学最高傑作の一つ『坂の上の雲』の主人公である。
冀《こいねがわ》くば在天の魂魄《こんぱく》時にこの故郷《ふるさと》に訪れ給はむことを。
平成八年十月四日
騎兵第十三聯隊会　有志一同　建之

大学とは、「知」の継承と創造を繰り返す機関である。一方、歴史や文化、文明に関わる資料や史跡の保存と継承に資する役割を果たすことも、社会からは期待されていると考える。

発足当時、約七百名いた騎兵第十三連隊会の戦友会の方々も、現在（平成二三年八月当時）は、六名の方々のみを数える。

時代の価値観をこえて保存し、記念すべきもの。それを預かり持つ者として、文明継承の一端の責任を担う者として、本学は受け継いだ歴史とその「碑」を守り抜く決意である。

図４　騎兵連隊の木造建造物

図５　騎兵第十六連隊の軍人勅諭下賜五十周年碑

【付記】

東邦大学習志野キャンパスには、騎兵連隊の木造建造物が現存している（図４）。キャンパス内の騎兵連隊の建造物を対象にした本調査・研究により、次のような事実が明らかになった。

・習志野原と呼ばれた地域に残されている騎兵連隊の木造建造物としては、唯一、原形に近い形で現存

・木造建造物の建築年月は明治三三年（一九〇〇年）一二月とされる（東邦大学の稟議書記録）。その後、昭和期に入り、騎兵第十六連隊が騎兵第十三連隊の跡に移り、木造建造物を使用。騎兵第十六連隊の記念碑もキャンパス内に現存している（図５）。

・明治時代、木造建造物の用途は騎兵第十三連隊と第十四連隊共用の「用材庫」（騎兵第一第二旅団兵営之図）

・木造建造物は、司馬遼太郎氏『坂の上の雲』の主人公のひとりであり、日本騎兵の父と呼ばれた元陸軍大将の秋山好古が、騎兵第一旅団（騎兵第十三連隊・第十四連隊）長として活躍していた時代に、騎兵第一旅団が使用していた建造物

第十五連隊と東邦大学付属東邦中高等学校

松本琢司

東邦大学付属東邦中学校・高等学校（以下東邦中高）が、旧東邦大学理学部の敷地であった現在の校地（習志野市泉町）に移転したのは昭和四八（一九七三）年のことである。現在の校地にはかつて習志野騎兵第十五連隊があった。

第十五連隊は、第十六連隊と共に明治三二（一八九九）年に発足し、騎兵第二旅団を構成した。当初は習志野原の高津廠舎を仮兵舎としていたが、明治三四年、現在の泉町に転営し、第十六連隊と共に軍旗が授与された。

当時をしのぶことのできるものは、全くといっていいほど今はなくなってしまったが、明治時代の建造物が「習志館」の名で、平成五（一九九三）年までは残っていて、生徒の部活動や勉強のための合宿用施設として利用されていた。

東邦中高は、医・薬・理・看護・健康科学部の五学部を擁する自然科学系総合大学である東邦大学の付属校で、東邦大学の前身である帝国女子医学専門学校の創立者と同じ額田豊・晋博士兄弟によって創立された。建学の精神も大学と同じ「自然・生命・人間」の尊重となっている。

東邦中高はいまや県下有数の進学校となったが、大学受験だけに特化した教育を展開しているわけ

図１　習志館

ではない。建学の精神の下、いわゆる座学に留まらない広い学びを行っている。カリキュラムはリベラルアーツ型で幅広く学び、実験・実習・演習などをしっかり行うプロセス重視の学習を展開している。また、行事や部活動にも積極的に参加することを奨励している。そのようにして広く学ぶなかでこそ、山の頂にあたる将来の高い専門性や豊かな人間性を支える裾野としての幅広い知識・教養、豊かな感性、均衡の取れた心身が培われるだろうと考えているからである。平成二九（二〇一七）年度から帰国生を除いて高校生徒募集を停止することによって完全中高一貫化し、中高一貫教育のさらなる充実をはかっている。

敷地を交換した東邦大学の理学部・薬学部・健康科学部のある習志野キャンパス（第十三連隊跡地）は歩いてほんの数分のところにあり、中高大の連携に最適の環境にある。三期にわたる学問体験講座のⅠ・Ⅲ期は、東邦大学の施設でスタッフも大学の先生方にお願いしてさまざまな実験などを行っている。例えば、液体窒素を用いた超伝導の実験、

図2　セミナー館と銀杏

図3　グラウンド

放射線を測定する実験、医薬品を合成する実験、ロボット制作とプログラミングなどなど。これらの中には大学生向けの実験などもあり、中高生にとっては研究者の疑似体験ができ、自分の進路を考える大変よい機会となっている。

中高にとってはぜいたくすぎるほどの、五万平方メートルを超す広い校地は、緑も多く、伸び伸びと勉強に部活動にと打ち込める環境であり、これは明治の先人たちがわれわれに残してくれた贈り物と言える。年輪を重ねた銀杏やヒマラヤ杉に見守られるなかから、秋山好古のように日本の新しい分野を切り開く若者が育ってくれることを願ってやまない。

習志野戦車連隊

吉川文敏

筆者は縁あって大久保商店街にある「お休み処」で、現在展示物の簡単な解説員をしているが、この稿では騎兵連隊後におかれた「戦車連隊」に関係する二名の軍人を紹介しようと思う。

一人は「習志野騎兵旅団司令部」跡に隣接する誉田八幡宮にある巨大な「紀元二六〇〇年記念」石碑に揮毫された栗林忠道少将（当時の戦車連隊第二旅団長）。もう一人は、戦前「バロン西」と呼ばれ、昭和七年（一九三二年）ロサンゼルスオリンピックの馬術大障害で金メダルに輝いた西中尉（当時習志野騎兵学校教官）である。実は、筆者の母は当時騎兵十五連隊（現日大生産工学部）で将校用の酒の委託販売をしていた関係で、多くの将校さんと知り合っていたため、子供の頃からよくいろいろな話をしてくれた。

図１　愛馬ウラヌス号と西竹一

例えば、西中尉の士官学校時代からの親友である毛利敬四郎中尉の話、二・二六事件で首相官邸を襲った栗原中尉の話、同事件で深夜、鎮圧の為カタククとキャタピラーを響かせて出動していった話などなど、数多く話してくれた。中でも、栗林少将は実に部下思いの将官であったと。

図２　1932年　ロス五輪最終日
愛馬を駆る西竹一

また、西中尉については常時サイドカー（ハーレーダビッドソン）で、大久保の街を疾駆していた明るいスポーツマンであったと話してくれた。

なぜこの二人に焦点を当てたかというと、ご存知のように第一次世界大戦（一九一四～一九一八年）において、英国の再三の欧州戦参戦要請に対して日本陸軍は拒絶している（中国の青島の戦いには参戦した）。その結果世界の急激な兵器の進歩に遅れをとることになった。大戦に登場した戦車、飛行機等の新兵器は騎兵の存在を無用にしつつあった。

もちろん、日本の騎兵学校にも装甲車が配備され研究が始められていたが、大戦の惨禍は世界中に反戦の盛り上がりを見せ、何度も軍縮会議が開かれることになった。しかし、内実は兵と馬を減らして、装備を改善するという、軍縮に名を借りた合理化・近代化政策で、飛行機や戦車隊が新設された。

昭和一三（一九三八）年頃までには、習志野騎兵旅団も軽装甲車や戦車に変わり、騎兵十四連隊は陸軍戦車第二連隊となった。第二騎兵旅団は昭和一六年、第一騎兵旅団は昭和一七年にそれぞれ戦車部隊に改編され、ここに騎兵旅団は四〇年の歴史を閉じることになった。

先に触れた二人とも当初は騎兵旅団に入り、兵器の変遷に翻弄され、最期は知米派と言われながら、最も苛酷な硫黄島に配属されることになった。中でも栗林中将は、米国軍が最も恐れた男として、五日間で攻略できると想定されていた島を約一ヶ月以上もの長期に渡って死守し、多大な犠牲をしいたことで有名である（二〇〇七年クリント・イーストウッド監督の『父親たちの星条旗』『硫黄島からの手紙』に詳細が描かれている）。

また習志野の騎兵の華と云われ馬を愛し、スポーツの場で国際親善に尽した西竹一中尉は、終焉の地硫黄島まで愛馬を運び、激戦の中散華していったことでも知られている。彼の死を、アメリカ軍も心から追悼していた事実もよく知られている。

図３　硫黄島守備隊司令官
栗林忠道中将

図４　地元　帳替酒店に残る
栗林将軍揮毫額

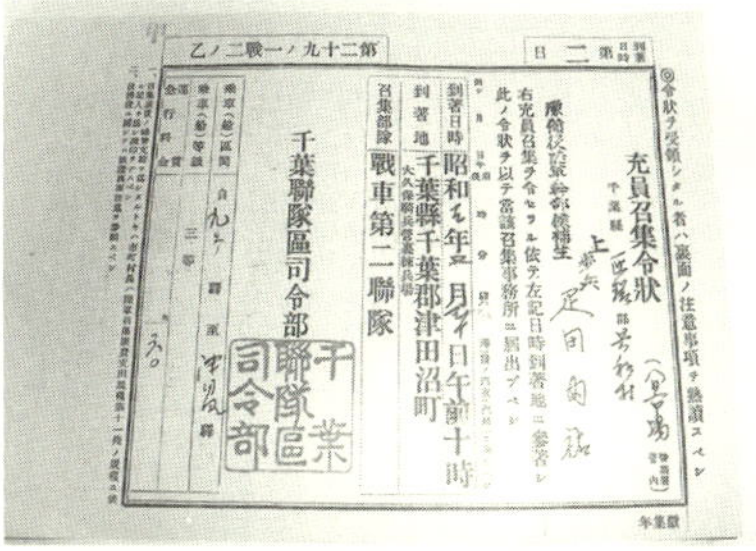

図５　地元に残る戦車連隊
臨時招集令状

空挺館（旧御馬見所）

『秋山好古と習志野』刊行会・山岸良二

明治六（一八七三）年四月二九日、明治天皇は、馬上近衛兵を親卒して下総大和田の原に幕営、陸軍少将篠原国幹の統率する対抗演習を統監された。帰還後、篠原少将を召して宸翰を授け「習志野原」と命名された。本稿では明治天皇命名の地にある空挺館を紹介する。

空挺館は、旧騎兵学校の御馬見所として天皇や皇族を迎えて各種の馬術をご覧いただける迎賓館であった。また、皇族が入隊したときの宿舎として利用された。

二階の現・騎兵コーナーが、三笠宮様が宿泊された部屋である。

当初御馬見所は、明治四四（一九一一）年、東京目黒区駒場の陸軍騎兵学校内に建立されたが、大正五（一九一六）年一二月習志野に騎兵学校が移転したのに伴って、翌六年現在地に移転・再建された。重い物の輸送が困難だった為、外観は少し違うものの、内装は洋風のコロニアル建築で再建されている。

戦後は、「皇族館」とよばれていたが、現在は、習志野駐屯地敷地内（第一空挺団）にあるため、「空挺館」と改められ、二階に旧軍関係の資料として秋山好古将軍はじめ、歴代の騎兵旅団長関係および騎兵旅団出身で、著名な硫黄島防衛司令長官であった栗林忠道中将や、同島で戦死したロサンゼルス五輪金メダリスト西竹一中尉の資料を、一階には第一空挺団の歴史資料を展示して、隊員の精神修養の場として活用している。戦後米軍の司令官の居室として使用されたため、平成四年の改修工事の際、缶ビールの空き缶が発見され壁には横文字が刻まれている。また、部隊見学者にも解放されており、歴史ある明治の建物と貴重な展示品が見学可能になっている。一般開放は、一月、四月、八月の年三回、駐屯地の三大行事に合わせて実施している。

空挺館の隣に「軍馬慰霊の碑」が建っている。揮毫は秋山好古大将である。

昔は騎兵学校（現自衛隊習志野駐屯地）の西北角の柵外に、成田街道に面して建っていた。津田沼方面

空挺館全景

空挺館階段

空挺館菊紋

軍馬慰霊の碑

から来ると、薬円台部落を過ぎ、習志野原の入口にあたる処にあり、人目につき易かった。現在は自衛隊の隊員クラブを建てる為営内に移築したので、人目に触れにくい。

　秋山好古が請われて揮毫したのは昭和五（一九三〇）年一〇月五日である。その時点ではもちろん現役ではない。大正一二年に予備役となり、その後郷里松山にある私立北予中学校の校長になった。郷党の人望を一身にあつめ、在職六年に及びなかなか辞任できなかったが、昭和五年四月、七二歳でようやく辞めることができた。そして馬産奨励の為北海道に旅行しようと、その年の七月中旬に東京の子息の家まで来たとき、持病の左足神経痛のため旅行できなくなり引続き在京していた。病気は脱疽の初期だったが、少康を得て八月に樺太まで旅行した。その後痛みが激しくなり、一〇月一五日軍医学校に入院した。そのとき脱疽は相当進行しており、脚の切断手術をしたがその甲斐なく、一一月四日に逝去された。

　さて、将軍が軍馬碑揮毫の依頼をいつ受けたかは明らかではないが、入院と決まって疼痛をおして筆を執り、結局これが絶筆となった。碑が完成したのは翌年の一一月であり、将軍は碑の完成を見ずに亡くなったのである。

この碑、写真ではよくわからないが左側に、

従二位
陸軍大将　勲一等　秋山好古書
功二級

とある。裏面の碑文は漢文で書かれており、誰か漢学者が起草したものであろう。訓読すれば次の通りである。

夫レ馬ノ性タルヤ従順ニシテ能ク人ニ馴レ重キヲ任イテ遠キニ致シ似テ天下ニ利シ斃レテ後巳ムノ概有リ
是ノ故ニ古来軍旅ニ重用セラル　百戦沙場ニ人ト心ヲ一ニシ縦横ニ馳突シ汗血地ニ塗ミレ大功ヲ建ツ真ニ偉ト謂ウベキ也　而シテ其ノ斃ルルヤ人絶エテ弔ウコト無ク遊魂帰スル処ヲ知ラズ
嗚呼其ノ末路之悲惨ナルコト何ゾ夫レ　クノ如キカ
今茲ニ陸軍騎兵学校習志野屯在各部隊　謀シ地方馬事団体之賛助ヲ得碑ヲ建テ以テ霊ヲ弔ウ
昭和五庚午年十一月
騎兵監陸軍中尉　森　壽撰

〈註〉謀＝互に相談すること

騎兵学校史には昭和六年一一月にこの碑が建立されたと記載されている。これより先、昭和三年三月に、校内医務室前に校馬記念碑が建てられたが、これは病斃馬慰霊碑であった。残念ながら現存し

秋山将軍借家跡の現況

ていない。同年一一月の日付で「校厩軍属之墓」という割と大きな墓標が薬円台の墓地にあり、戦後陸軍墓地（現在は市営墓地）に移設され現存している。校馬記念碑と同じ年に建立されているので関係があるのかも知れない。

騎兵学校の所在地薬円台界隈のことはこれまでとし、大和田原の南側騎兵旅団の兵営のあった大久保に移る。ここには軍の建てた軍馬の碑は四基現存している。その一つは騎兵十三連隊の建てたもので、兵舎跡（現在の東邦大学構内）に残っている。

建立は昭和三年一月、揮毫者は原田宗一郎（当時の旅団長）である。騎兵四個連隊の兵舎は並んで建っていたが、それと向かい合って旅団司令部の庁舎があった。現在はその跡に習志野郵便局（集配局）が建っており、その裏が小公園になっている。戦前は旅団司令部の厩舎と偕行社があった処だと思う。その小公園に軍馬の碑が二基残っている。一つは「軍馬之碑」という碑名だけでそれ以外には文字は全く刻まれていない。

もう一つの碑は昭和五年、騎兵学校に建立され、騎兵学校西側外柵の小庭園に設置されていたが、昭和四年現在地に移設された。

ところで、秋山将軍は習志野旅団長時代、薬円台近くの宍倉家（江戸時代からの名家）のご好意で借家住みであった。

騎兵旅団司令部と市民プラザ大久保

岡田光正・山岸良二

明治三三（一九〇〇）年に創設された習志野騎兵旅団の司令部は、戦後習志野郵便局として建物自体も使用されていた。第十四連隊と第十五連隊の南側に大きな二階建て軍建物が建設され、レンガ造りの門柱が立てられ、横には歩哨が直立していた。戦後は、郵便局真向いに習志野警察署も置かれた。

この習志野郵便局が津田沼に移転することになり、跡地に平成二四（二〇一二）年に建設されたのが、現「習志野市市民プラザ大久保」である。市内で一番新しい公民館施設であり、イベントホール、音楽スタジオ、展示スペース、学習コーナーなど最新の各用途対応複合施設となっている。このため、年間利用率・稼働率は市内最高で年間約一一万人（延べ数）が利用している。運営側も他館に負けない様に各種の企画展示講演会や月例の活動に精力的である。例えば、「0・1・2・3 キッズおおくぼ」（三才児までの親子教室）「おもちゃ病院」（おもちゃや電化製品の修理）「みどりの会」（第十六連隊跡地が現在ならしのみどりの森となっており、その保全活動）「むつみおもちゃ図書館」（障がい者へのおもちゃ貸出活動）「実籾自然保護運動」（実籾地区の自然保護活動）等は毎月定例日での活動が盛んに行われている。

さらに、本館が旅団司令部跡地に建設された由縁が掲示されている。隣接する八幡公園入口のレン

図１　陸軍騎兵学校正門写真

ガ門柱が旅団司令部門柱を移築したもので、その公園内には「習志野騎兵旅団石碑」「軍馬忠魂碑」「習志野騎兵旅団司令部跡碑」等騎兵関係石碑群が建立群立されている現状から、開所した年から、年二回定期的に開催している「自主事業展示講演会テーマ」に騎兵関係を必ず採用していく方向を堅持している。

まず、平成二四年「市民プラザ開所記念展示講演会　習志野騎兵旅団の興亡」展を開催し、愛媛松山より秋山好古将軍揮毫石碑研究家仙波満夫氏を招聘した。平成二五年には「日独市民交流百周年　習志野ドイツ兵俘虜収容所」を開催、第一次世界大戦時に中国青島の戦いで俘虜となり、習志野俘虜収容所に収容されたドイツ、オーストリア兵らの俘虜生活を貴重な写真や資料で展示した。この講演会には、在日ドイツ大使館から公使猊下が来館され、山岸茉梨果嬢からの花束贈呈、千葉日独協会からの大歓迎を受けた。平成二七年には「硫黄島の戦い　栗林氏西氏を偲んで」を開催、習志野騎兵出身で太平洋戦争末期の硫黄島攻防戦で同守備隊司令官栗林忠道、ロサンゼルス五輪馬術金メダリストで同じく習志野騎兵出身の西竹一に焦点をあてた内容であった。この展示会には、西竹一が早死した後輩に贈った本物の騎馬長靴が展示され、マスコミ等でも評判となった。このため、講演会には本プラザ最高の二三一名（定員一四〇名）もの来館者があり、立錐の余地も無い盛況であった。

平成二八年には「七十年前の習志野」展で敗戦後習志野騎兵旅団跡地がどのように変遷してきたかを、本邦初公開資料を交えて多数展示した。ここでは、現日本大学生産工学部が創設される以前に、同地に歯科系専門学校があった事実が詳細に報告され、地元の方々も未知の新情報に驚愕した。平成二九年「太平洋戦争の実像」展を開催し、習志野騎兵旅団が昭和初期に解体し、戦車連隊、鉄道連隊へと改変されていく経過を展示した。平成三〇年には従来地元でもよく知られていなかった「習志野ロシア兵俘虜収容所」について、貴重な当時の記録写真や長崎県対馬市の協力もうけて、日露戦争時の対馬についての展示も並行しておこなった。日露戦争時には、陸戦での旅順攻略戦、日本海海戦などで最終的には約一万五千人近くの俘虜が習志野に収容されている。日本海海戦の戦場に近い対馬

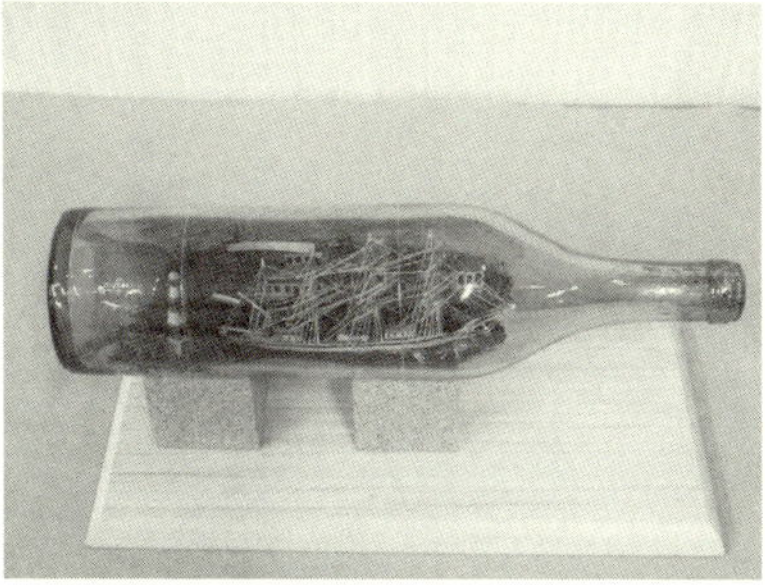

図２　ドイツボトルシップ２号

図３　西竹一使用の馬術長靴

図４　講演会風景

では、沈没した多くのロシア船の乗員が流れ着き、島の人々の看護を受け収容された事実が残されている。さらに、本展示会では、同年開催され好評であった浦安市郷土資料館「国境線を造った人」展の展示資料をお借りした。浦安市のこの展示会は日露戦争後樺太島の南半分が日本領となったため、ここにロシアとの国境線を画定する作業が必要となり、この作業に従事した人物を詳細に報告したものであった。

このように、市民プラザでは地元に密着した施設として、地元関係の展示講演会をこれからも積極的に開催していく方針である。

コラム

日露戦争と対馬

古場公章

九州大陸と朝鮮半島の間に浮かぶ島「対馬」。大韓民国まではおよそ五〇キロの近さである。天気のいい日は、釜山市の町並みを見ることもできる。

そんな対馬は、古くから外国との戦いの最前線でもあった。元寇や応永の外寇、また豊臣秀吉の朝鮮出兵は多くの船団が対馬から出港していった。

明治になり、対馬には多くの砲台が建設された。日露戦争までに一八カ所の砲台が設置された（太平洋戦争まで三一基建設）。また、駆逐艦や水雷艇などが短時間で出動できるよう、万関瀬戸の開削作業が開始された。まさしく国境、国防の島なのである。

明治三八（一九〇五）年五月にあった日本海海戦だが、世界的には対馬沖海戦と呼ばれている。この海戦は、およそ三〇分で態勢が決まったと言われている。資料によれば両国の戦没者は、ロシア側四八三〇名、日本側一一七名。日本の大勝であった。

対馬近海にはウラジミール・モノマフ号とアドミラル・ナヒモフ号が沈み、ボートで脱出したロシア兵が対馬に上陸した。アドミラル・ナヒモフ号の兵が上陸した上対馬町茂木地区には、引き上げられた艦船の砲身が設置されている。筆者の住む対馬市上対馬町西泊地区にはウラジミール・モノマフ

図１　平成 27 年の日露戦争戦没者慰霊祭

号の兵が殿崎の丘に上陸。麦刈りの最中であった地区の人々は、たぶん初めて見る外国人に大騒ぎだったろう。最初に上陸した三〇数名を、地区の住民は作業中のカマを持って取り囲むが、それでもじりじりと後ずさりした。その中から二人の勇敢な女性が前へ進み、ご飯が食べたいのか、たばこが吸いたいのか尋ねたが、両手を口元まで持っていったので、近くの水飲み場に案内したという。

他船を含めて集落に移動したロシア兵約一五〇名の衣服の洗濯、食事の用意、傷の手当て、宿の提供を行い温かく迎え入れた。翌日には、日本船が捕虜として迎えるため西泊沖に停泊。西泊を離れるロシア兵に、最後まで手を振り無事の帰国を祈り、ロシア兵もボートのオールを直立させ感謝の意を表した。

その後、地区の住民からこのことを後生に伝えるため、記念碑建設の話が持ち上がった。海戦から七年後、東郷平八郎司令長官からの言葉も刻まれた碑は、今も当時の出来事を伝えている。

海戦から一〇〇年を迎えた平成一七年、ロシア政府により殿崎の丘に「日露慰霊の碑」が建立された。この海戦で亡くなった五〇〇〇人弱の戦没者の名前が刻まれている。

毎年五月は、両国戦没者の慰霊祭を開催しており、ロシア大使を始め大使館関係者など多くの方々が慰霊に訪れている。平成二七年は、この海戦のロシア側遺族の方など四名(ロジェストヴェンスキー司令長官や艦船から脱出し対馬に上陸した兵士の子孫を含む)が慰霊に訪れ、地区の住民との交流会などが行れた。筆者も平成二九年三月にロシアを訪問し、遺族の方と再会し、両国司令長官の子孫と一緒に献花をした。

さて西泊地区では、対馬沖海戦先人の美挙継承委員会を立ち上げ、慰霊祭の開催や後世に伝える活動として、伝記集やマンガ本の発行、DVD作成や現地での語り部などを続けている。

今後もロシア側との交流を続け、両国の友好の手助けができればと思っている。

図 2　アドミラル・ナヒモフ号の砲身（山岸良二撮影）

図 3　姫神山砲台跡（山岸良二撮影）

伊藤音次郎と「伊藤飛行機研究所」

坂井元昭

「エンジンが回ってんぞ〜、アサリ取りに行くべ〜」

戦前の津田沼町（現・習志野市）に大正時代から二七年間も飛行機工場と飛行場があったのをご存知だろうか？

鷺沼海岸に太平洋戦争の終戦まで存在したのである。

遠浅の海が引き潮になると、広い砂浜が沖に二キロメートル以上も広がり滑走路になるので、京成津田沼駅辺りの町家ではエンジンの音で引き潮を知ったという。

滑走路は、今は埋め立てられており、袖ケ浦バス車などが建っている。

千葉街道（国道一四号）を挟んで北側に工場と格納庫、飛行機は街道を横断して浜に運ばれて、すぐ前の干潟の滑走路で飛んだのである（工場、格納庫の建物は戦後、平成二一年頃まで様々な会社が工場として使用していた）。

これが、「民間飛行機のパイオニア」といわれる伊藤音次郎の「伊藤飛行機研究所」である。

あまり裕福でなく、小柄で真面目一徹の音次郎が飛行家になった足跡を辿ってみよう。

明治二四（一八九一）年、伊藤音次郎は大阪浪速区恵美須町に二男一女の末っ子として生まれた。

明治三六年ライト兄弟がカロライナ州キティーホークにて有人動力飛行に成功した。

明治四一年、一七歳の音次郎は大阪で丁稚奉公中であったが、道頓堀の活動写真館でライト兄弟の初フライトの活動写真を見て、飛行家への憧れをかき立てられた。

新聞で自作飛行機を作っている奈良原三次男爵を知ると、飛行家になりたい一心で、彼は弟子入りしたいと手紙を書くが、男爵の返信には「機械工学を習得して来い」とあった。

さっそく音次郎は、昼は金属会社の帳場で算盤をはじき、夜学で機械工学を学び、飛行機や工学関係の書籍も読んだ。もともと彼は論語から小説まで読書熱心な青年であった。

二年間機械工学を学んだ音次郎は、父の岩吉に上京して飛行家になりたいと切り出した。

しかし、力仕事の父親は、身長五尺(約一五〇cm)の勉強ばかりの大人しい次男を頼りなく見ていたようで「飛行機を作るんだと〜、金持ちの道楽もんか、キ印のするこっちゃ、意気地なしのくせに!」(平木二〇一〇)と猛反対、七歳上の真面目な兄、久太郎も弟の味方をしてくれるが父は聞かない。

音次郎が一六歳の時に母が病死すると、一〇歳近く年上の姉きん(一二歳で髪結いに奉公、明治三六年二〇歳の時には新聞「大阪新報」の髪結い人気投票で大阪一となった)が母代わりのように一家を支えていた。姉も大阪一になるほどなので、観察、思考、創造、実行力は音次郎と同じものを持っており、音次郎の事を理解していたのだろう。

学費や本代など音次郎の給金ではでは足りず、姉が援助しており、音次郎の気性をよく知っている姉の説得でやっと父親も承諾した。

明治四三年、上京するもすぐには奈良原男爵には会えず、知人の仕事を手伝い始めて一月ほど後に、代々木練兵場での徳川好敏大尉のアンリ・ファルマン複葉機と日野熊蔵大尉のグラーデ単葉機での日本初飛行を五日間も通い直接見ることができた。この見分が後に役に立つ事となる。

所沢飛行場ができたころ、やっと奈良原男爵の白戸栄之助助手に次ぐ無給の二番弟子となる（図1）。明治四四年ライト兄弟の初飛行からわずか八年後、奈良原男爵は所沢で自作機での日本初フライトに成功した。

翌年、所沢飛行場は軍用のため、自由に使えず、稲毛海岸の浅間神社前の遠浅の干潟を飛行練習場とした。

図1　明治45年 伊藤音次郎21歳

当時の飛行機は見世物として貨車で機体を運び、組み立て地方巡業をし、見物客よりの入場料が収入であった。

しかし奈良原男爵は嫡男でもあり危険なことと飛行機から手を引いてしまう。

大正四（一九一五）年一月に音次郎は、その稲毛に伊藤飛行機研究所を作り、操縦訓練と機体製作を始める（図2）。

一一月に奈良原一号から機体製作をしてい

た、元大工で伊藤飛行機の製作技師、大口豊吉氏の妻の妹吉と結婚した。

一一月一一日、四五馬力エンジンの伊藤式「恵美号」という、出身地の恵美須町の名を付けた機体を作りあげた（図3）。この機体は、左右の車輪がダブルタイヤになっており、計四本の車輪とスキーの様なソリが二本ついている。この形態は、上京後まもなく直接目にした、日野大尉のグラーデ単葉機転覆事故で安全性の重要性に気づいたことによるのだろう。

二二日に白戸栄之助氏操縦で、恵美号の初飛行に成功する（図4）。

大正五年一月八日、恵美号に搭乗し初めて東京駅、浜離宮上空から稲毛へ帰還し、「帝都訪問飛行」

図２　稲毛の飛行場

大正６年　伊藤飛行機研究所　稲毛の浅間神社東側

図３　恵美１号機完成（大正４年11月）

音次郎氏と共に

図４　恵美１号機による巡回飛行最初の栃木（大正５年４月）

と言われ、飛行家として名を挙げた。マスコミも大絶賛の一時間二二分の飛行であった。

それまでは貨車に積み込み地方での見世物であった飛行機が、彼の考えていた輸送機への第一歩と言えるかもしれない。

同年九月一六日、恵美二号機と水上機恵美号での大阪、郷里凱旋飛行を、成功裏に終えた（図5、6、7）。

一〇月一日、台風と高潮で研究所は壊れてしまった。父を大阪より稲毛に招いて、成田山や東京見物などをしている時であった。

図5　恵美2号機完成
大正6年5月　恵美2号機完成　稲毛海岸にて

図6　恵美2号機による最初の巡業地津山にて（大正6年5月）
左より、佐野清三郎、井上長一氏、音二郎氏、藤原正章氏、大口豊吉氏、山縣豊太郎氏

図7　郷土凱旋飛行家族親族と大阪にて（大正6年恵美2号機の前で）
左から大人のみ2人目、姉 きん、4人目　父 岩吉、5人目　音二郎、7人目　兄　久太郎、8番目　義兄、喜代市

稲毛の工場が壊れてしまったが、飛行機二機は大阪にあったうえ、以前大阪に飛行場をというキャンペーン論文を書いたこともあり、大阪で場所を探したが見つからなかった。千葉に戻り津田沼を下見したところ、鷺沼が幕張まで何も障害物が無く、ここに決定した。

大正七年、津田沼町鷺沼（現・習志野市）に伊藤飛行機研究所が移って来て、昭和二〇（一九四五）年の終戦までの約二七年間、機体の製作、パイロットの養成など民間航空の発展に尽くした（図8）。関西の航空機輸送の草分けである井上長一もここで学んだ。

航空機設計の木村秀政教授も、若き学生時代（旧制中学、一高時代）に津田沼駅から砂塵の舞う砂利道を歩いて何度も通い、音次郎や特に設計の稲垣知足に教えを受けたという。稲垣もまた、ほぼ一ヶ月に一度来る学生と二時間ほど話すのを楽しみしており四年間続いたそうである。

当時の飛行機状況を木村が『飛行機の本』で下記の様に詳しく書いている。

大正九年八月二日と三日、洲崎の埋め立て地で帝国飛行協会の第一回民間懸賞飛行大会に伊藤音次郎から四機、白戸栄之助からの一機が挑戦、当時の民間機ほぼすべてであった（図9）。

結果、速度一等は、山縣豊太郎で時速一三五キロメートル。後藤勇吉氏は稲垣知足設計の機で高度五〇〇〇メートル以上を飛んだが、計器が五〇〇〇メートルまでしか測れず、記録は五〇〇〇メートル以上という成績であった（酸素ボンベ無し！　過給機も無し！）。

一等賞金一〇〇〇円、二等八〇〇円、三等六五〇円と豪勢で、すべて伊藤飛行機研究所の機体が獲得した。

音次郎は、稲垣設計士を欧州に設計の勉強に行かせてより高度な技術をとりいれた。しかし、財閥や軍がバックについているわけでなし、彼は民間航空として、貨物乗客輸送を考えており、後援者は丁稚奉公時代の主人佐渡島秀禄だった（当時は、第一次世界大戦中、習志野にもこの時期、西郷隆盛の嫡男西郷寅太郎大佐が所長の「ドイツ俘虜収容所」に、ワルデック総督はじめ約千名が終戦後までの四年間俘虜として生活していた。その間の四年間に、ヨーロッパ戦線では戦闘機を開発、終戦の七ヶ月前に戦死したが、八〇機撃墜のドイツ陸軍のマンフレート・フォン・リヒトホーフェン、通称撃墜王「レッド・バロン」も生み出した。いやおうなく戦争が航空機の発展につ

図 8　津田沼の伊藤飛行機研究所全景（大正 10 年）

津田沼町鷺沼の伊藤飛行機研究所。千葉街道を挟んで岸側が工場等、海側が滑走路となる。

図 9　山形飛行士、第一回大阪飛行懸賞飛行時（大正 8 年 10 月 21、22 日）

第一回東京～大阪間往復懸賞郵便飛行大会 2 位の山縣豊太郎飛行士

ながっているのである）。

木村は当時の飛行家は「ブーガチャン」（ブーンと上がればすぐガチャンと落ちる）が多い中で、音次郎が殆ど無事故で通したのは、地味で慎重であり、山縣豊太郎操縦士、稲垣知足設計士も音次郎と同じく、緻密、細心、慎重であったからだと言う。

ＮＨＫの連続テレビ小説『雲のじゅうたん』の主人公、日本最初の女性飛行士、兵頭精は愛媛県出身、松山市の済美高等女学校卒の才女で、父が無類の飛行機好きで、同じ愛媛県出身の二宮忠八の飛行機の模型の話などを聞いており、亡き父の遺志を継ぎ飛行家にという強い思いを胸に上京した。

大正八年一〇月二二日と二三日、東京大阪間懸賞郵便飛行に山縣飛行士が二等に入賞。

同年一一月二〇日、二〇歳で津田沼の伊藤飛行機研究所の飛行練習生となった。教官は、種々の競技会で活躍した、名パイロットである山縣豊太郎飛行士たちであった。

大正九年四月、東京・大阪周回無着陸懸賞飛行競技会にて、恵美一四型に搭乗の山縣飛行士のみが成功、往復時間六時間四三分であった。

同年八月二九日、音次郎が弟のように思っていた山縣飛行士が宙返りの訓練中、主翼が折れ、鷺沼の畑に墜落死する。

大正一〇年四月に操縦士免許は法律で定められ、資格試験などが決まった。

大正一一年、兵頭精は三等飛行機操縦士の免許を取得して、日本女性初の操縦士となった。

その後、安い軍部払い下げ飛行機等が出回り、飛行機製作は採算が合わず、音次郎はグライダーの製作に力を入れることになった。

昭和五年、「日本軽飛行機クラブ」を設立、会長に最初の師、奈良原三次を会長として発足し、相談役には丁稚奉公時代からの恩人佐渡島秀禄を据え、音次郎は一理事となる。理事には木村秀政の名もある。

このクラブは太平洋戦争が始まる直前の昭和一六年三月に解散させられるが、九二名の免許取得者を卒業させた(図10)。音次郎はクラブ設立以前の卒業第一号の山縣豊太郎からの五九名を合わせると、一五一名を養成した。

昭和一五年、民間航空の安全を願い研究所内に「航空神社」を、墜落地に「山縣飛行士殉空の地碑」を建立(今も鷺沼の畑の中にある)。

創設から終戦までに、上記のパイロットを養成し、飛行機は五四機、グライダーは一五機種二〇〇余機製作した。

昭和二〇年敗戦、GHQが飛行機の製作研究などを禁止したため、飛行機から手を引かざるを得なかった。

戦後、音次郎は研究所の七家族とともに成田東峰地区の開墾農家となったが、竹藪ばかりの痩せた土地の開墾は大変なものだったようである。鷺沼工場内の「航空神社」も音次郎とともに移っている。

昭和一七年に県立千葉工学校応用化学科を卒業し、軍に志願して操縦教官として南方戦線に派遣さ

図10　飛行学校卒業第一期生
山縣飛行士亡きあと、大正11年　第一回卒業生5人後列には、教官の後藤勇吉、稲垣知足（設計士）。前列には、音次郎を挟んで5名の卒業生が並ぶ。左端が兵頭精。左から3人目が音次郎。

れていた、音次郎の息子の仁三郎氏が戦後数年たって帰国、共に開墾に加わった。筆者の母校、県立千葉工業高校の先輩である。

昭和四一年一月九日「帝都訪問飛行五〇年」を祝い、航空評論家の関川栄一郎ら数名が、成田の開墾地の伊藤家を訪問している。飛行機好きの心にはいつまでも、音次郎が大きな存在としてあったことがうかがわれる。

昭和四二年に富里空港計画が成田へと変更となり、音次郎は移住の第一号者として約二〇年開拓した農業を辞め、元の鷺沼海岸滑走路を埋め立てた「袖ヶ浦」へ戻った。

「航空神社」は、東峰神社となり、皮肉にも反対派の拠点となってしまった。

今、航空神社は芝山の「航空科学博物館」に移設されている。

昭和四三年秋の叙勲で勲五等双光旭日章を受賞。日本民間航空のパイオニアと国も認めた。

生前にあの円谷栄二監督が、音次郎を映画にしたいと袖ヶ浦の自宅を訪れたことがあったそうだが、諸般の事情から、残念ながら映画は製作されなかった。

昭和四六年一二月二六日、習志野市に戻って三年、音次郎は波乱に満ちた八〇年の生涯を終えた。

津田沼の東漸寺での告別式には、ＹＳ11の木村秀政、零戦の堀越二郎も参列したそうである。

成田空港は、音次郎が当初より考えていた物資や乗客の輸送のための飛行機が、いまやＬＣＣ航空等で庶民の足となり数分ごとに飛んでいる。

恵美号は四五馬力エンジンで空気の階段を一段々々昇ったが、推力を馬力に変換すると、現在の飛行機は約十万馬力のジェットエンジンで、約五〇〇人の乗客を乗せて、元恵美開拓農場の上を空気のエスカレーターで急上昇していくのである。

音次郎は八柱霊園から、民間航空のより一層の繁栄と無事を祈っている事だろう。

参考文献など

井上和子氏（伊藤音次郎の末娘）からお話を伺いました。写真所有、提供者も井上和子氏
平木國夫『空気の階段を登れ』三樹書房、二〇一〇年
木村秀政『飛行機の本』新潮社、一九六二年
中村英利子『兵頭精、空を飛びます！』アトラス出版、二〇〇〇年
山崎好雄『最新飛行機講座9　グライダー』平凡社、一九四〇年
「伊藤音次郎展」二〇一二年七月（習志野市菊田公民館）
野沢正『写真記録　航空事故』出版共同社、一九六一年
習志野市教育委員会編『ドイツ兵士の見たニッポン』丸善、二〇〇二年
習志野市 HP「第一次世界大戦と習志野—大正8年の青きドナウ—」(http://www.city.narashino.lg.jp/citysales/kanko/bunkahistory/

rekishi/Narashino_POW_camp_1915.html)
千葉市航空記念館　展示
習志野市教育委員会　説明表示など
映画「THE RED BARON」NIAMA-FILM　2008年

コラム

現存する騎兵旅団在営写真帖

山岸良二

明治三三（一九〇〇）年に創設された習志野騎兵旅団は、当初からその周辺に騎兵旅団ご用達の各種商人連が出入りを公認されていた。また、それらの商人連の商店も、第十三連隊正門から延びる「旧松山通り」（松山稲荷社の界隈）が一番栄えていた。ここには、酒店、宿屋、馬具屋、野菜店はじめ騎兵旅団と密接な関係をもつ商店連が展開していた。その後、大正一五（一九二六）年京成佐倉線が開通して、大久保駅が開業すると、「旧松山通り」の商店街が大久保通りに移転して、現在のように第十四連隊から南に延びる大久保商店街がメイン通りとなっていった。

騎兵旅団は全国から精鋭兵を徴集していたため、年一回の「軍旗祭り」（天皇陛下から各連隊に軍旗が降下した記念日）や出陣前になると、惜別の宴を催すため全国から騎兵の家族が参集した。このために、商店街には数多くの「旅館・宿屋」「写真館」が営業しており、その写真館は「騎兵退営」時に『在営記念写真帖』を作成していた。

別稿でも触れているように、明治三三年以降一連隊の敷地面積が東京ドーム一・六倍という広大な広さにもかかわらず、太平洋戦争時にアメリカ軍の爆撃、艦砲射撃目標とならなったため、現在習志野には明治から残る各種騎兵関係遺品が多数残存している。

今回紹介するのは、昭和一〇（一九三五）年に退営した「騎兵第十五連隊」所属兵の『在営記念写真帖』（塚本写真館謹製）である（図1）。

まず、軍旗（激戦の跡を示す、ボロボロで房部分しか残存していない）写真と明治三四年一二月一九日に宮中にて陛下より拝受された記載と、日露戦争出陣の経過、中でも明治三八年一月黒溝台の戦いでの激闘が記述されている（図2）。この戦いは、別稿でも触れられている秋山将軍の奮闘で辛うじてロシア軍を撃退したこの戦争の分岐点となる重要なポイントであった。

さらに、第一師団長柳川中将の写真（図3）、騎兵監の写真と高官諸氏の写真が並び、ついで自分の所属大隊、中隊、分隊各員の写真も掲載されている。その上、日常生活の風景、軍事訓練の様子も細かく記録として残されており（図4）、騎兵らしく愛馬連と一緒に写っているスナップも掲載されている（図5）。さらに、当時既に騎兵から鉄道連隊・戦車連隊への変貌が進んでいることもあり、戦車および鉄道を使用した訓練風景もあり、興味深い点である。

習志野騎兵では、このように在営時の記録写真を各連隊専属の写真館が常時撮影して、退営時に記念写真帖として上装丁して残していた。塚本写真館は第十四連隊前にあった商店であるが、第十五連隊も担当していたことが分かる。また、退営記念には瀬戸物の酒坏をセットで渡していたようで、「旅団名」「第十三連隊名」「第十四連隊名」の酒坏セットが現存している（図6）。

図１　写真帖表紙

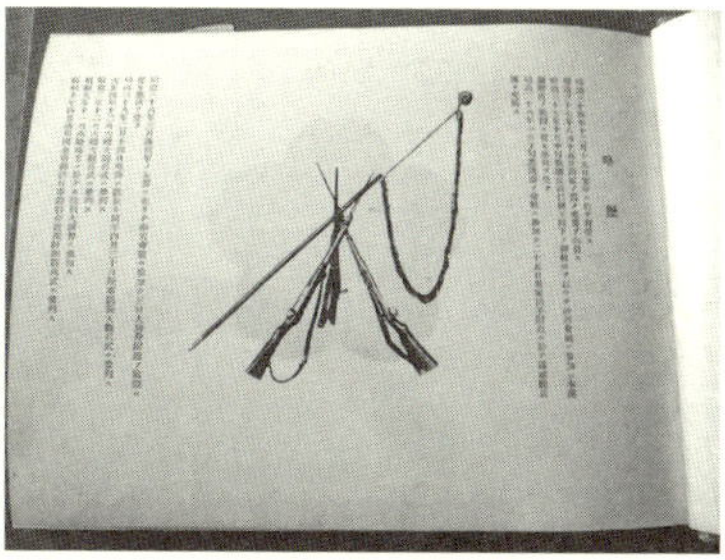

図２　軍旗

図３　師団長

図４　訓練

図５　愛馬

図６　酒杯

おわりに

本書の原本となった『秋山好古と習志野』（二〇一一年一二月初版自費出版）の企画は、秋山好古将軍を主人公とするNHKスペシャルドラマが三年目入ることから、何か形で残せるものを製作しようとの話が、学園おおくぼ商店街理事長・三橋正文《せいぶん》氏と習雲山薬師寺住職・三橋秀紀氏らと山岸の間で沸き上がったことが端緒である。

というのも、この時点で既に秋山兄弟生誕地愛媛県松山市が大いに盛り上がっていることが、現地を訪問した方々から情報としてもたらされ、その上秋山好古将軍が日露戦争後赴任した高田第十三師団（現・新潟県上越市）でも、有志によって分厚い記念誌が刊行されていることが判明したためである。

そこで、早々に上記三名プラス「習志野騎兵連隊史跡保存会」のメンバーを中心に刊行会が結成され、当初は自費出版形式での小冊子程度の内容を考えたが、企画案が進行するにつれ、地元の多くの方々から様々な新提案が提起され、内容もより充実したものへと深化していった。

その一方山岸が、以前お世話になった編集者内田光雄氏と綿密な打ち合わせを行い、短期間ながら多人数の執筆者が参加したこの企画も同氏の尽力と、山岸が三〇年以上に渡り『東邦考古』（毎年刊行の高校雑誌で日本唯一国立国会図書館公認番号付与）印刷でお世話になっていた（株）キョーコロ（東京都葛飾区）の格段なるご配慮で一四二ページ立てという重厚な著作として無事刊行となったのである。

同書は当初の予想に反し、刊行七ケ月位で初版完売、直ちに増刷となった。

その後も、多方面から入手希望の声が私共の周辺に寄せられる状況となった。

そのような折、山岸が現在お世話になっている昭和女子大学（東京都世田谷区）で菊池誠一、フフ・バートル両教授のもと、「モンゴル襲来シンポジウム」が開催され、その記録集を雄山閣から刊行するという企画が進められた。その企画案検討段階中に、山岸が雄山閣の桑門、八木氏に本書刊行の希望を伝え、同社内での検討の結果、この度の刊行となった次第である。

最後になりますが、本書への執筆・編集にご協力をいただいた皆様のご芳名を次に挙げさせていただき、深甚なる感謝を申し上げたい。

三笠宮崇仁親王　〈騎兵第二旅団〉平成二八年薨去
秋山哲児　〈秋山好古曽孫〉
大谷利勝　〈元日本大学生産工学部学部長、元日大副総長、大谷美術館館長〉
川岸梅和　〈元日本大学生産工学部教授〉故人
岡村光明　〈元陸上自衛隊第一空挺団空挺館館長〉
田中賢一　〈元習志野騎兵旅団所属〉故人
山田知夫　〈日本内燃機関連合会理事〉
梶井英二　〈元国立文書館理事〉
星　昌幸　〈習志野市給食センター〉
山本　勝　〈元空挺同志会会長〉
夏目勝也　〈建築家、習志野市文化財審議会副会長〉
金出みちる　〈建築家〉
三橋秀紀　〈前習雲山薬師寺住職〉
柏木清孝　〈習志野騎兵連隊史跡保存会〉
古津義裕　〈同上〉
遠藤由紀子　〈昭和女子大学〉
小川誠治　〈ヤクルトスワローズ小川監督父堂〉

小村卓司　〈東邦大学付属東邦中高校〉
上野純也　〈同上〉
鈴木貴宇　〈東邦大学理学部〉
富野喜隆　〈史料提供者〉
松尾　光　〈早稲田大学エクステンションセンター〉
内田光雄　〈編集者〉
畑中　峻　〈編集協力者〉
畑中茉梨果　〈編集協力者〉
山岸真美子　〈編集統括主任〉

編著者履歴

山岸　良二（やまぎし　りょうじ）

一九五一（昭和二六）年東京生まれ。

慶應義塾大学大学院修士課程修了。現在、昭和女子大学、放送大学講師、習志野市文化財審議会会長。平成二九年度千葉県教育功労者表彰受賞、元東邦大学付属東邦中高校教諭。専門は日本考古学　千葉大学をはじめ数大学での非常勤講師歴任。我が国最大の考古学会である日本考古学協会全国理事を歴任。各地の発掘調査事業に従事助言指導。

一般向け講演やテレビ出演（ＮＨＫ・週刊ブックレビュー、日本テレビ・世界一受けたい授業、ＴＢＳ・林修の歴史ミステリー、フジテレビ・新報道２００１、ＢＳ-ＴＢＳ・にっぽん！歴史鑑定、同諸説あり！など多数出演）で歴史学・考古学の啓蒙普及につとめる。近年は地元習志野市に縁の「日本騎兵の父　秋山好古」関係の講演活動を七〇回以上行い、二〇一七年には愛媛県松山市での「習志野騎兵旅団と秋山好古」講演で好評を博す、さらに執筆活動では最新刊『いっきに学び直す日本史』（東洋経済新報社）が二二万部を超えるベストセラーに。

主な著書編著

『科学はこうして古代を解き明かす』（河出新書）、『文化財を探る科学の眼』（国土社）、『邪馬台国を知る事典』『日曜日の考古学』（東京堂出版）、『新版入門者のための考古学教室』『考古学のわかる本』『邪馬台国事典』『関東の方形周溝墓』『原始・古代日本の墓制』『原始・古代日本の集落』『原始・古代日本の祭祀』『原始・古代の日本海文化』『日本考古学の現在』『親子で学ぶ　楽しい考古学』（同成社）、『方形周溝墓』（ニューサイエンス社）、『方形周溝墓研究の今』（雄山閣出版）、『古代史の謎はどこまで解けたのか』（ＰＨＰ新書）、『古代史発掘総まとめ03／04』（歴研）、『争乱の日本古代史』『最新考古学30の真相』（新人物往来社）、『習志野と秋山好古』（同刊行会）『テーマ別にみる　日本史』（朝日新聞出版）等計六〇冊、専門論文は多数となっている。

執筆者一覧（掲載順）

小川淳司（おがわ　じゅんじ）
一九五七年生まれ。習志野市出身。習志野高校三年時にエースとして夏の甲子園で全国優勝。八一年ヤクルトスワローズに入団。現在、東京ヤクルトスワローズ監督。

遠藤由紀子（えんどう　ゆきこ）
一九七九（昭和五四）年福島県生まれ。昭和女子大学大学院生活機構研究科修了。博士（学術）。現在、昭和女子大学歴史文化学科講師、女性文化研究所研究員。『近代開拓村と神社―旧会津藩士及び屯田兵の帰属意識の変遷―』で第二二回福島民報出版文化賞奨励賞を受ける。著書に『近代開拓村と神社』、共著に『女性と仕事』、『女性と家族』（ともに御茶の水書房）、『守山藩』（現代書館）、『女たちの幕末・明治』『幕末明治を生きた女性たち』（洋泉社）など。

仙波満夫（せんば　みつお）
一九三九（昭和一四年）年一〇月三〇日生まれ、松山市出身。元、松山市教育委員会職員。現、公益財団法人常盤同郷・秋山兄弟生誕地研究員、秋山好古揮毫石碑先任調査員。

神田勝郎（かんだ　かつろう）
一九三七（昭和一二）年一月三〇日生まれ。旧横越町議会議長（二期）。前横越コミュニティ協議会長、現在、同会相談役。㈶北方文化博物館館長。平成二〇年春の叙勲において、地方自治功労により「旭日双光章」を受章。編著に、『中世横越の風景』・『横越議会百年史』など。

佐藤　誠（さとう　せい）
一九六二（昭和三七）年生まれ。船橋市薬園台出身。駒澤大学文学部歴史学科卒。放送大学大学院修士課程修了。修士（学術）。千葉県公立中学校教諭。八千代市立郷土博物館、千葉県立大利根博物館、千葉県立中央博物館の学芸員として勤務する傍ら、軍郷習志野原の歴史を研究し、現在に至る。

滝口昭二（たきぐち　しょうじ）
一九三七年生まれ。船橋市出身。元千葉県職員（船橋市中野小学校校長で退職）。船橋地名研究会。

北村　章（きたむら　あきら）
一九七〇年生まれ。京都府出身。

東邦大学付属東邦中高等学校教諭。

三橋正文（みつはし　せいぶん）
一九四〇年生まれ。習志野市出身。
大久保商店街協同組合理事長、習志野市商店会連合会副会長、習志野騎兵連隊史跡保存会会長。

坂井元昭（さかい　もとあき）
一九四〇年生まれ。習志野市出身。大久保小、習志野二中、県立千葉工業高校機械科卒業。
「江戸家ぎょうざ」店主。

笹川　裕（ささがわ　ゆたか）
一九五九年生まれ。新潟県出身。㈶千葉県史料研究財団史料研究員、習志野市文化財審議会委員を経て、前、千葉県公立中学校教諭。
主な著書に『古文書の語る地方史』（共同執筆）、『習志野市史』（調査・執筆）等。

大谷利勝（おおたに　としかつ）
一九三五年生まれ。兵庫県芦屋市出身。日本大学副総長、日本大学生産工学部教授、学部長等を歴任。
現在、日本大学名誉教授、大谷美術館理事長。

吉満貴志（よしみつ　たかし）
一九七三年生まれ。千葉県出身。
東邦大学大森学事部主任。

松本琢司（まつもと　たくじ）
一九五五年生まれ。東京都出身。早稲田大学第一文学部卒業。
東邦大学付属東邦中高等学校校長。

吉川文敏（よしかわ　ふみとし）
一九四二年生まれ。千葉県出身。日本大学職員、地域歴史研究家。

岡田光正（おかだ　みつまさ）
一九四一年生まれ。東京大学博士課程修了。東邦大学名誉教授。
現在、市民プラザ大久保館長。

古場公章（こば　きみのり）
一九五九年生まれ。長崎県立上対馬高校卒。元、対馬市役所。
現、対馬観光ガイドの会。

令和元年５月25日　初版発行　《検印省略》

秋山好古《あきやまよしふる》と習志野《ならしの》騎兵旅団《きへいりょだん》

編著者　山岸良二
著　者　『秋山好古と習志野騎兵旅団』刊行会
発行者　宮田哲男
発行所　株式会社 雄山閣
〒102-0071　東京都千代田区富士見2-6-9
ＴＥＬ　03-3262-3231／ＦＡＸ　03-3262-6938
ＵＲＬ　http://www.yuzankaku.co.jp
e-mail　info@yuzankaku.co.jp
振　替：00130-5-1685
印刷・製本　株式会社ティーケー出版印刷

ISBN978-4-639-02650-1 C0021
N.D.C.213　256p　19cm